내 남자로
만드는
연애의 기술

여우들의 연애지침서 女선수들의 실전노하우

매 혹 적 인   여 우

지 혜 로 운   여 우

똑 똑 한   연 애

휴앤스트리

여성들이 주도적으로 사회생활을 하고 경제활동을 하는 요즘, 연애에서만큼은 아직도 남자 중심적인 상황에 놓이는 경우가 많다.

미디어와 언론의 많은 상황에서 남자가 사랑을 이루어주는 스토리를 만들고 여성은 남자를 도와주는 역할에 그치는 것이, 아마도 여성이 더 수동적인 역할만 하게 하는 것은 아닐까 하는 마음도 들곤 한다.

이러한 연유에서인지, 현실에서는 여성이 진정 사랑하고 좋아하는 남자는 짝사랑만 하다가 끝나고, 결국은 이상형에 가깝지는 않지만 나를 좋아해 주는 한정된 남자들 중에서 그나마 나은 한 명을 연인으로 선택할 수밖에 없는 상황이 연출되기도 한다.

필자는 이러한 부조리와 불합리에 맞서 이제는 여성도 좋아하는 남자를 주도적으로 유혹하여 선택할 수 있게 되었으면 하는 바람이다.

많은 여성들이 나에게 묻는다.
"남자의 심리를 가장 잘 파악해 제대로 대응하고 실전에 바로 적용할 수 있는 연애의 기술을 알려 주세요."

대한민국이 건국된 이후 오랜 시간 동안 정치·경제·사회·문화·예술 등에서는 비약적인 발전을 이룩하였다. 그러나 연애지침서에서만큼은 제대로 된 롤 모델은커녕 표준으로 삼을 수 있는 서적 한 권 없다. 이에 늘 아쉬운 마음이 컸고, 모든 한국 여성들에게 있어서 하나의 기준이 되고 길잡이가 될 수 있는 연애지침서를 반드시 완성해야겠다는 다짐을 하게 되었다.

뜬구름 잡듯이 알지도 못하는 지루한 이론과 허구의 기술은 가라! 편향된 연애경험으로 우리 착한 여성들을 잘못된 방향으로 인도하지 말았으면 좋겠다.

하나.
마성의
여우,
연락에서의
주도권
잡기

적당한 호감과 맞장구를 쳐 주어
　　　상대방 혼자 좋아하는 마음이
　커지게 만들어 보자

밀당의 기술
Pull & Push

많은 사람들이 호감이 가는 이상형에게 마음이 급 좋아져서 갑자기 적극적으로 호감을 표현하는 경우가 있다. 하지만 여성들이 남자의 이러한 언행을 직감적으로 알아채듯이, 남자들의 촉도 굉장히 좋다는 것을 알아야 한다.

물론 일부 여성들은 남성보다 정신연령이나 지능이 높기도 하고, 사회에서 더 많은 능력을 발휘하기도 한다. 또한 여성의 직감이 무섭게 들어맞는 경우도 주위에서 종종 볼 수 있다. 하지만 지금까지 본 연애고수나 선수들은 여성의 마음을 간파하는 감각이 상당히 뛰어난 남자들도 많이 있으며 관상이나 스타일, 헤어, 화장만 보아도 그 여성의 성격과 취향뿐만 아니라 혈액형까지 맞추기도 한다.

즉, 여성들이 생각하는 것 이상으로 굉장히 촉이 발달하고 노련한 남자도 많다는 것이다.

그럼 이를 남녀 관계에 적용해 보자.

남자의 입장에서는, 여성은 남자에게 조금의 호감만 보내 주면서 당기기만 하면 된다. 즉, 남자가 포기하지 않을 정도로만 적당하게 호감을 보내고 대응해준다면 남자는 시간이 지날수록 혼자 여성을 좋아하는 마음이 점점 커진다.

따라서 조금만 기다리면 남자가 먼저 연락하고 좋다고 표현하게 된다. 그런데 여성이 먼저 남자에 대한 호감도가 높다는 것을 표현한다면 어떨까? 물론 모든 남자들이 그렇다는 것은 아니지만 어떤 남자들은 '아, 이제 나에게 넘어왔구나. 이제는 적당히 관리하면 되겠지?'라고 생각 할 수도 있다.

그렇기 때문에 여성이 먼저 급 호감을 보내는 것보다는 천천히 남자의 태도를 지켜보면서 단계적으로 호감을 보이는 것이 좋다.

예를 들어, 남자에게 문자를 보냈는데 답장을 받지 못했다면 남자에게 또 문자를 보내지 마라.

━◀ 그래서 재미있게 놀았어?

이 연락에 대해서 답장을 받지 못했다면, 다시 연락하는 것이 아니다. 연락이 올 때까지 기다려라.

만약 남자가 전화했는데 못 받았다면, 남자에게 바로 다시 전화하지 말고 조금 더 밀고 당기기를 해 보아라. 30분 뒤에 이렇게 문자를 보내라.

전화했네?

더 이상 길게 할 필요는 없다. 이 문자를 확인한 남자는 당신에게 바로 전화할 것이다. 여기서 남자를 테스트할 수 있는데 이 속도가 빠를수록 당신에게 호감이 높은 것이다.

이렇게 남자로부터 전화가 왔을 때는 바로 받지 말고, 약 30초 정도 뜸을 들인 후에 약간은 바쁜 척 그리고 누군지 알 듯 모르듯이 "여보세요?"라고 하면 된다.

간혹 "이렇게 하다가 남자가 떠나면 어떡하죠?"라고 묻는 분들도 있다.

그러나 걱정할 필요 없다. 이 정도의 밀고 당기기와 뜸들이기에 떠날 정도면 그 남자는 당신을 처음부터 좋아하지 않았음이 틀림없기 때문이다.

남자에게 '네가 연락을 하지 않을수록
우리 관계는 점점 멀어진다.'는
사실을 인지시키도록 하자

처음부터 이미
답은 정해져 있다

아무리 심심하다고 할지라도 먼저 남자에게 "오빠 뭐해?"라고 문자를 여러 번 하는 것은 좋지 않다. 그것은 남자가 '내가 연락을 하지 않으면 여자에게서 먼저 연락이 오겠지?'라는 생각을 하게 하여 남자가 먼저 연락을 하는 것이 아니라 연락을 기다리는 습관을 갖게 되기 때문이다.

여성은 남자에게서 연락이 올 때마다 매번 좋아하지만, 아주 신기하게도 남자는 여성에게서 한두 번에 그치는 것이 아니라 계속해서 먼저 연락이 온다면 쉽게 생각하거나 귀찮아하는 경향이 있다.

실제로 아무리 착하고 궁합이 잘 맞는 남자라도 시간이 지나면서 연애에 흥미가 떨어지는 현상이 발생한다. 남자는 본능에 따라 연애를 사냥이나 낚시 등과 같이 생각하는 경향이 있어 이미 같이 잠을 자거나 사귀는 여성을 어항 속의 물고기로 인식하기 때문이다.

그래서 남성에게 '네가 연락을 하지 않으면 나는 무엇이든지 할 수 있으며, 네가 연락을 하지 않을수록 관계는 점점 멀어진다.'는 사실을 인지시키는 것이 좋다.

예를 들어 썸을 타는 남자가 한동안 연락을 안 하다가 문자를 보낼 경우, 바로 답장을 하기 보다는 장시간 기다리게 한 후 답장을 하는 것이 남자를 더 다급하고 갈증 나게 한다.

이때 성격이 급하거나 당신을 많이 좋아하는 남자라면 분명히 전화하게 되는데, 당신은 그 전화를 받지 않고 한 번 혹은 그 시간대의 전화는 무시하는 것이 좋다. 그리고 30분이나 1시간 뒤에 전화하는 것보다는 문자로 "운동한다고 이제 봤네."라고만 하면 되는 것이다.

그리고 만약 남자에게서 1시간 만에 회신이 온다면, 바로 답장을 하기보다는 30분 정도 기다렸다가 하는 것이 좋다. 만약 30분 만에 회신이 왔다면, 나는 20분 후에 답장을 하는 것이 좋다.

그렇게 한다면 남자는 더 감질맛이 나, 답답한 마음에 바로 전화를 하게 되거나 칼답장을 하게 된다.

16

Sneak 대화법으로 남자 입장에서 생각하고
남자의 흥미 위주로 대화를 해보자

썸남과의 대화
이끌어 내기 - 실전편

'sneak'는 '나도 모르게 빠져든다'는 뜻으로, 남자로부터 대화를 이끌어 내는 대화법이다.

　이를 위해서는 남자 입장에서 생각하고, 남자의 흥미 위주로 대화를 하는 것이 좋다.

　여성들이 가장 많이 하는 실수 가운데 하나는 남자에게 할 말이 없는 나머지, 무례하게 신상정보를 캐물어 보거나 자신의 입장에서만 얘기하는 것이다.

　남자 입장에서는 당신이 누구인지도 모르는 상태이기 때문에 당신이 어떤 사람인지 일단은 알아보고 싶어 한다. 따라서 자신의 정보

만 캐고 있는 상황을 매우 불안해하고 당신에 대한 흥미를 잃을 수
도 있다.

당신의 원래 성격과 인성이 어떤지는 아무 상관없다. 자기중심적
이거나 이기적이라 해도, 호감이 있는 남자와 연락할 때에는 그에게
맞추어야 한다.

먼저 다양한 소재를 가지고 이야기를 하며 남자의 반응을 살핀
후, 호응도가 높고 좋아하는 소재를 가지고 얘기함으로써 상대방의
공감과 호응을 이끌어 낸다. 남자가 대답하기 쉽게 대화를 하는 것이
핵심 포인트이다.

물론 여자 입장에서도 하고 싶은 말이 있을 것이다. 그러나 처음
만나서 친해지기까지는 그가 당신을 대하기 편해야 하고 즐거워야 하
기 때문에 자신의 이야기는 아주 친해지고 난 후에 하는 것이 좋다.

> 오늘 ○○○ 마지막 회라서 너무 아쉬워요~ 그동안 정말 재미있게 봤는데, 둘이 어떻게 될 거 같아요? ㅎㅎ

> 내 생각에는 남자 주인공이 떠나는 걸로 끝날 거 같아.

> 그쵸!! 저도 그럴 거 같아요. 아 맞다, 오늘 비가 엄청나게 올 수도 있다는데ㅋㅋ 우산 챙겼어요?

> 있지^^ 어제 일기예보 봤는데, 오늘 비 온대ㅜㅜ

> 역시~ 오빠는 준비성이 아주 철저하세요! 비 오는 날에는 왠지 커피 생각이 나지 않아요?

21

(비 오는 날과 커피를 자동으로 연상시켜서 만남을 간접적으로 이끌어 낸다.)

> 응, 커피도 생각나고 왠지 막걸리도 생각나지 않아?

> 네, 둘 다 좋죠ㅋㅋ

(막걸리를 싫어해도 그냥 좋다고 해라. 만나서 칵테일을 마셔도 된다.)

> 언제 오빠랑 커피 한 잔 하고 막걸리 먹으러 갈까?

(남자가 당신에 대해 마음이 있다면 이처럼 자연스러운 상황에서 당연히 이렇게 말할 것이다.)

> 네, 좋아요.

마성의 여우 - 연락에서의 주도권 잡기

'미러링' 기술로 상대방과 내가
유대감이 깊어지는 효과를 만들어보자

연락의 기술 1
– 미러링(거울 효과)

미러링Mirroring'이란 감정과 언어, 화제의 3요소를 함께 공유하거나 따라 함으로써 상대방과 내가 서로 거울을 보는 것과 같이 행동하여 유대감이 깊어지게 하는 효과를 말한다.

　더 면밀하게는 호흡조차도 상대방에 맞춰서 하면 좋다는 말도 있는데, 사실상 이에 대한 효과는 저자가 아직 검증해 보지 못했기에 바로 가시적인 효과가 있는 실전 기술만 서술할까 한다.

　쉽게 말해서, 미러링은 그가 느끼는 감정을 같이 공유하고, 그가 쓰는 특정 단어를 따라 하고, 그가 좋아하는 화제에 같이 관심을 가지는 기술이다.

예를 들어, 만약 남자친구나 썸남이 값비싼 낚싯대를 구입 후 친구들과 바닷가 낚시를 한 것을 영웅담처럼 자랑한다고 가정해 보자.

물론 여성이 보았을 때 그 남자는 합리적이지 않고 그의 이야기는 재미없을 지도 모른다. 하지만 그 남자는 이 이야기를 꺼냄으로써 당신과 함께 멋진 바닷가에 놀러 가 같이 낚시도 가르쳐주고 추억도 만들고 싶다고 간접적으로 얘기할 계획이었다. 그런데 당신이 그 낚싯대 값이 얼마나 바가지이고 그보다 더 좋은 일이 많다고 가르치려 하거나 다른 소리를 한다면, 자존심이 상할 뿐만 아니라 의욕을 잃을 것이다.

따라서 남자가 하는 말에 적당히 그리고 긍정적으로 공감해 주고 맞장구를 쳐 주는 것이 좋다.

다음은 화제와 감정, 언어를 고르게 공감한 예시이다.

> 친구들이랑 잘 놀고 있어요?

응, 친구들이랑 같이 낚시하고 있어.

> 아~ 친구들이랑 같이 낚시하면 생각할 시간도 많고 기분 전환도 되고 좋겠어요. ^^

어? 정말? 그걸 어떻게 알았지^^ 나도 그렇거든.

> 좋은 거 많이 잡았어요?

우럭이랑 송어랑 두 마리밖에 못 잡았어. or 엄청 많이 잡았거든 🕐

(솔직하게 말하는 남자도 있겠지만 한 마리도 못 잡아도 과장되게 말하는 남자도 있다. 그러나 그것은 진실과 거짓의 논리로 보면 안 된다. 본능적으로 남자는 좋아하는 여자 앞에서 과장을 한다. 수컷 공작새처럼 화려하게 날개를 펴서 암컷 공작새를 유혹한다. - 공작새이론)

👠 우럭이랑 송어랑 넘 맛있겠다~ 저 회 좋아하거든요. ^^

(같이 먹자고 하지 말고 간접적으로 유도를 한다. 회를 좋아하지 않는데 낚시를 가는 사람은 없고 낚시를 좋아하는데 회를 좋아하지 않는 사람도 없다.)

그치^^ 나도 회 좋아하는데 언제 같이 먹으러 갈까? 🕐

👠 오빠가 낚시를 잘하니 (권위를 인정) 왠지 횟집도 잘 알 거 같아요. ^^

(자격부여) 이 말을 듣고 이렇게 말하지 않는 남자는 없을 것이다.

당연히 잘 알지^^ 강남에 정말 좋은 횟집 있는데 같이 갈래? 🕐

👠 네 좋아요.

('언제 시간 되세요.' 라고 먼저 말하지 말고 '네 좋아요.'라고만 말하라.)

그래^^ 같이 먹으러 가자! 언제 시간 돼? 🕐

연락을 하는 타이밍에도 전략이 있어야 한다
그래서 필요한 전략이 '타임 앵커링'이다
한가한 시간에 맞춰 연락해 보자

연락의 기술 2
- 타임 앵커링

'타임 앵커링Time-Anchoring'이란, 특정 시간이나 한가한 시간대에만 연락하는 방법을 말한다.

• 하루에 한 번 특정 시간 때만 정해서

   ex) 저녁 시간에만 하는 게 잘 통한다.

• 앵커링Anchoring

   혹시 태극기를 볼 때마다 떠오르는 것이 있는가? 그렇다, 대한민국이다.

   그럼 성조기를 볼 때마다 떠오르는 것이 있는가? 그렇다, 미국이다.

그 나라의 깃발을 보면 그 나라가 떠오르는 것, 그것은 오로지 학습에 의해서만 가능하다. 학습이 되지 않았다면 어떤 국기를 보아도 그저 알 수 없는 문양에 불과하다.

학습이 되었기 때문에 그 문양은 그 나라의 국기가 되고 상징이 된다. 그래서 그 국기를 볼 때마다 그 나라가 떠오르는 것이다.

이것을 연애에도 쓸 수 있다.

만약 그와 늘 강남에서 놀게 된다면 어떻게 될까? 물론 지겨워할 수도 있겠지만, 그가 훗날 강남을 생각할 때 나와의 추억이 묻어난 곳으로 기억할 것이다.

만약 아직 사귀는 사이도 아니고, 그에게 그렇게 비중이 큰 사이가 아닐 때라면 연락을 하더라도 다른 경쟁자들과는 조금이라도 차별화되어야 한다. 그래서 필요한 전략이 바로 '타임 앵커링'이다.

그 남자의 일주일 일정을 한번 파악해 보라.

만약 "평일 저녁에 한가하고 주말 낮에는 할 일이 없다"는 그의 일정을 알게 되었다고 가정해 보자.

그러면 당신은 비록 자신의 한가한 일정과 여유 있는 시간에는 맞지 않더라도 그의 한가한 일정에 맞춰 연락할 필요가 있다. 남자가 조금이라도 한가한 시간대에 연락해야, 더 집중적으로 많은 얘기를 나눌 수 있기 때문이다.

처음 만나서 아직 데이트 한번 못해 봤는데, 둘 사이에 무슨 친밀도와 신뢰가 있겠는가? 그러니 조금이라도 더 많은 얘기를 나누고 서로를 더 알아 가는 과정이 필요하다.

'고자세'라는 것은 남자에게 자신이 가치 있는 여자임을 알리기 위함이지, 권위 의식과 자존심만을 내세우는 것이 절대 아니다.

따라서 조금이라도 그가 한가한 시간대를 파악해 거기에 맞춰 연락해야 한다.

예를 들어 대부분의 직장인들은 퇴근하고 집에 와서 한숨을 돌리는 시간대가 10시쯤이라고 해 보자.

그럼, 그때 연락을 한다면 그도 오늘 하루를 모두 정리하고 당신의 연락을 조금 더 편안하게 받아 줄 것이다. 그러나 직장인들의 아주 바쁜 출근 시간과 오전 시간 때에 연락을 한다면 짜증과 불만은 더욱 커질 것이다.

반대로 밤에 일을 하는 남자일 경우, 자고 일어난 오후 시간대나 퇴근하는 아침 시간대에 집중적으로 연락하는 것이 좋을 것이다. 밤에 한참 업무에 시달릴 텐데 저녁 9시~새벽 3시에 연락을 한다면 받기가 쉽지 않을 것이다.

그래서 연락을 하는 타이밍에도 전략이 있어야 한다.

문자 메시지에 느낌과 감동을
전달하도록 해보자

데이트를 이끌어 내는
애프터스킬

데이트를 이끌어 내는 데는 시청각을 이용하는 것만큼 각인효과와 영향력이 큰 것도 없다. 우리가 TV를 보는 이유도 이 때문이다.

따라서 포토메시지를 활용하는 것을 추천한다. 포토메시지란, 글을 엄청나게 길게 적어 포토메시지를 만드는 것을 말하는 게 아니다. 문자를 주고받을 때는 어떠한 경우에서건 세 줄 이상이 되면 안 된다.

여기서 말하는 포토메시지란, 시청각 자료를 이용하여 흥미와 즐거움을 같이 주는 것을 말한다.

문자 메시지를 이용해 느낌과 감동을 전달할 수 있다는 것은 큰 의미가 있다. 왜냐하면 남녀가 처음 알게 되어 가장 부담 없이 서로 주고받을 수 있는 것이 문자이기 때문이다. 그 문자에 느낌과 전달력까지 증폭시킬 수 있다면 이것만큼 큰 효과를 볼 수 있는 것은 없다.

예를 들어 설명해 보자.

자, 두 개의 메시지 사이에서 차이가 느껴지는가? 상대방이 느끼는 전달력은 그냥 단순한 1번 메시지보다 2번처럼 사진을 담은 메시지에서 더 크다.

이 커피가 정말 맛있고 예쁘게 생겼기 때문에 포토메시지를 받은 남자는 상상하게 된다.

'아~ 커피 생각난다.'

그러면 자연스럽게 아래와 같이 문자를 이어 나갈 수 있게 된다.

응, 좋아해. 커피 마시고 있어?

네^^ 혼자 먹기 아까워서 오빠 보여 주는 거예요.

아~ 혼자 먹기야? 🕐

^^ 어쩌다 보니…

나도 커피 좋아하는데 같이 먹으면 좋겠다. 🕐

네^^ 담에 같이 먹어요~ (데이트 암시)

아, 정말? 그럼 나야 좋지^^ 🕐

주말이나 평일에 시간 맞춰서 한번 봐요^^ (데이트 암시)

위와 같은 방법으로 데이트 약속을 잡아 나가면 된다. "나중에
요"라고 해도 상관없다.

어차피 데이트에 대해 미리 암시를 한 것이고, 초반에는 이러한
암시만으로도 충분하다고 본다. 이것은 그 말을 할 당시에 아무 효력
이 없는 것 같아도 언젠가는 만날 수도 있다는 데이트에 대한 언질이
된다.

"주말이나 평일에 시간 돼?"라는 말이 사실 "일주일 중에 언제 시
간 돼?"라는 말과 동일하지만, 그렇게 말한다면 너무 가벼워 보인다.
그래서 이렇게 표현하는 것이다.

또 만약 "금요일날 쉬는 날이에요?"라고 범위를 정하거나 범위를
좁게 설정해서 제시한다면, 시간이 되지 않을 경우라는 변수가 있어
거절당할 확률이 높다.

둘.

남자의
마음을
꿰뚫어 보는
심리기법

감각이나 본능적인 느낌만으론
확신이 없기에 구체적으로 정황을 살피고
자세하게 정보 수집을 해라

남자의 속마음을
읽어 내는 '마인드리딩'

'마인드리딩Mind Reading'이란, 남자의 얼굴 표정을 순간적으로 읽어 내고 그 이면에 숨겨진 진실을 찾아내는 기술을 말한다. 이 기술에서 핵심은 얼굴 표정을 보고 진짜 감정과 거짓 감정을 정확하게 구별해 내는 것이라 할 수 있다.

　우리가 흔히 아는 분노와 슬픔, 기쁨과 행복, 두려움과 도전, 사랑과 거짓 등 인간의 감정들은 혼합적으로 나타나기 마련이다.

　속마음이나 심리를 정확하게 읽어 내기 위해서는 기본적으로 평소 그의 얼굴 표정과 억양을 중심으로 다양한 관찰이 필요하다. 특정 감정을 나타내는 전형적인 얼굴 표정과 억양이 어떠한지 주의 깊게 관찰하는 것이 좋다.

그가 어떤 사람이건, 상대방과 대화를 나누면서 자신의 기분이나 감정을 모두 완벽하게 제어할 수 없다. 그래서 거짓말을 할 때는 말과 행동, 얼굴 표정과 태도가 서로 어색하게 나타나거나 조화를 이루지 않는다.

만나면서 '무엇인가 이상한데 왜 이럴까?'라는 생각이 드는 것은 사람에게 흔히 '감각'이라 불리는 직감이 있기 때문이다. 우리는 무의식적으로 이러한 감각을 통해 상대방의 모습 속에 있는 부조화를 인지하게 된다. 그리고 이러한 자신의 느낌은 대부분 맞다고 나는 말하고 싶다.

그러나 모든 일을 항상 감각이나 본능적인 느낌으로 처리하는 것은 신뢰할 수 없는 방법이기 때문에 좀 더 구체적으로 정황을 살피고 자세하게 정보 수집을 하는 것이 더 유익하다.

거짓말을 하거나 거짓 감정을 표현할 때 나타내는 행동은 매우 다양하다.

우선 '얼굴'과 '억양'에서 찾아볼 수 있다.

만들어지거나 의도된 얼굴 표정은 거짓말의 증거가 된다. 얼굴을 좌우나 위아래 등 대칭으로 보았을 때, 서로 맞지 않는 어색한 표정이 보인다면 거짓말을 한다는 증거로 의심해 볼 수 있다.

또 다른 거짓말을 알아보는 방법은 바로 '눈'과 '미소'이다.

거짓 미소는 눈과 입이 웃을 때 얼굴에서 전체적인 조화를 이루지 못하고 각각 따로 행동하게 되어 있다. 한쪽 입꼬리만 올라간다든 지 눈은 가만히 있거나 전혀 웃지 않는데 입은 애써 웃으면서 미소를 짓고 있는 것이 대표적이다.

웃을 때 크게 웃기는 하지만 아이컨택eye-contact이 되지 않는다든 지 차가운 눈빛을 보내거나 마지막에 마주치던 눈을 돌리는 것 등도 한 예가 된다.

이처럼 거짓 미소를 짓는 이유는 인위적인 미소를 보여 줌으로써 상대방에게 자신이 싫어하는 감정을 감추거나, 귀찮은 일을 방지하거 나 혹은 상대방을 안심시키기 위함이다. 그러므로 거짓 미소를 알아 차리는 것은 매우 중요한 일이다.

거짓말하는 그의 진정한 속마음을 알고 싶다면, 평상시 그에게서 나타나는 표정과 보디랭귀지를 파악한 후, 어떤 말을 할 때 순간적으 로 스쳐가는 눈빛과 얼굴 표정을 살피거나 몸짓을 보는 게 좋다.

나와 반대 방향으로 자세를 취하고 있거나 어깨를 움츠리는 방어 적인 자세를 보면 거짓 호감 여부를 알 수 있을 뿐 아니라 실제 감정 에 대한 파악도 가능하다.

이를 위해서는 평소 관심이 있거나 혹은 만나고 있는 그의 기본 특성을 파악하고 부조화를 찾아내라는 기본규칙을 잊지 말아야 한 다. 그가 거짓 감정을 나타내고 있다면 뭔가 일치하는 순간은 금세

사라지고, 부조화의 얼굴 표정과 말 그리고 느낌이 남아 있는 경우가 많기 때문이다.

특히 대화를 나누다 지금 나랑 이야기를 나눈 것이 즐거운지 아닌지 알아내기 위해서는 주제에 관해 얘기를 나누면서 얼굴 표정을 살펴야 한다. 그리고 대화를 계속하면서 그 주제에 대한 이야기를 계속 이어 나갈지도 생각해 봐야 한다.

부조화는 말과 타이밍에서도 나타난다. 만약 상대방이 나에게 싫은 감정이 있다면 "오늘까지만 만나야지.", "이 여자 정말 별로야."와 같은 진짜 속마음이 하이라이트이기 때문에 나랑 얘기를 나누면서도 숨기거나 감추고 있다가 마지막에 보여 주려고 하는 심리가 작용한다.

이 때문에 실컷 웃다가도 금방 무의식중에 얼굴 표정이 다시 굳어지고 눈을 돌리는 현상이 나타나는 것이다.

> 민정아, 정말 미안한데 사실 이번 주 토요일은 안 될 거 같아. 갑자기 삼촌 댁에 가야 해서…

만약 남녀가 호감이 있어 그저 만나 보는 사이가 아닌 연애하는 사이라면, 데이트 약속을 잡고 취소하는 것은 사실 그렇게 중요한 일이 아닐 것이다. 언제나 그랬듯이 일요일에 보면 되기 때문이다.

그런데 만약 평소보다 과도하게 미안함이나 설득의 말을 한다거나 현실적인 증거를 제시하면서 애써 더 많은 표현을 쓰는 것은 의심해 봐야 한다.

남자의 갑작스러운 연락 감소나 스케줄 변화는 우리 사이에 어떤 변화가 생겼음을 의미한다. 그리고 다른 여자가 생겼다면 약속을 취소하거나 만나는 것을 미룰 것이고, 조금씩 조금씩 옛날에는 보이지 않던 태도를 보일 것이다.

남자의 심리를
냉철하게 관찰하고 파악해보자

백마 탄 왕자의
접근 목적, 연애? 공사?

다양한 부분에서 나보다 월등히 높은 스펙의 잘생기고 멋진 남자가 갑자기 접근한다면, 사실 영화에서 나오는 로맨틱한 상황이 아닐 수도 있다.

물론 모든 것을 부정적으로 볼 수는 없겠지만, 특히나 평소 나를 좋아하지 않거나 무관심하던 너무나도 멋진 남자가 아무 이유 없이 혹은 이해할 수 없는 이유로 갑자기 호감과 친절을 베푼다든지, 갑자기 평소보다 나에게 잘해 주는 것은 당신이 좋아진 게 절대 아니다. 당신에게 무엇인가 필요해졌기 때문이다.

하나의 가설을 세워 본다면 그는 처음부터 당신이 자신을 좋아한다는 것을 알고 있기 때문에 전혀 경계심이 없고 자신이 프레임 상으로 위에 있기에 당신에게 접근하는 것에 전혀 부담이 없을 뿐만 아니라, 마치 상관이 부하를 상대하듯 자신감이 넘치고 편안할 것이다. 왜냐하면, 당신은 그가 언제 어떤 식으로 연락하고 어떤 요구를 하든 그것에 응답할 것이고, 당신이 한마디의 반론을 제기하면 자상하고 멋있게 논리적으로 열 마디를 이야기 하면서 설득할 자신이 있기 때문이다.

그가 당신과 지속적으로 썸이라도 타고 있고 호감도가 천천히라도 상승하는 단계라면 그 상황은 고려해야겠지만, 그렇지 않은 상태, 즉 짝사랑만 하고 있는 상태에서 그가 갑자기 당신에게 그렇게 행동한다면, 당신에게 이성적 호감이 아닌 다른 목적이 있기에 접근했을 가능성도 높다는 것이다.

아마도 대부분 자신이 좋아하는 여자에게서 질투심을 느끼게 하려고 당신에게 잘해 주거나, 친구들이나 조직으로부터 곤란한 상황에 부딪혀서 사회적 친밀도가 떨어졌을 때, 곤란한 상황에서 벗어나기 위해 당신을 잠시 선택했을 가능성이 매우 높다. 혹은 당신의 특정 재능이나 능력이 필요해졌기 때문일 수도 있다.

거짓말을 잘하기 위해서는 포커페이스를 잘해야 한다고 말한다. 하지만 포커페이스를 아주 완벽하게 구사하는 선수라도 당신이 그의 말과 행동을 잘 관찰하여 조화롭지 않은 요소를 파악할 수 있기만

하면 된다.

사랑은 가슴으로 하는 것이 맞지만, 남녀의 심리와 현실에서 일어
나는 상황은 냉철하게 관찰하고 파악해야 한다. 그래야만 당신이 겪
을 시행착오와 다가올 슬픔에 최소한이라도 대비할 수 있을 것이다.

단답형을 유도하는 질문보다는
서술적으로 말할 수 있는
질문을 해보자

거짓말을 읽어 내는 기술 1
- Open Skill

상대방이 거짓말을 하는 것에 너무 연연하지 말기를 바란다. 왜냐하면, 지금부터 남성의 거짓말을 읽어 내는 아주 간단한 방법을 알게될 것이기 때문이다. 그 비결은 바로, 상대방에게 거짓말을 잘할 수있는 여건을 만들어 주지 않는 것이다.

분명 '이게 무슨 말이지?' 하는 사람도 있을 것이다. 방법은 아주 간단하다. 상대방에게 'yes'나 'no'라고 확실하게 대답할 수 있는 질문만 안 하면 된다.

예를 들어, "어제 몇 시에 들어갔어?"라고 묻는다면 너무나도 간단하게 "어제 아파서 9시에 일찍 잤다."고 할 것이다. 그럼 여기서 더 물어보는 것은 오히려 당신을 의심 많은 사람으로 몰고 갈 가능성이 높다.

단순히 그에게 "예스"나 "노"로 대답하게 하는 것은 주도권을 넘겨주는 일이 된다.

거짓말을 한 것 같다고 의심이 되면 최대한 그 당시의 상황에 대해 말을 많이 하도록 유도하는 것이 좋다.

아무리 거짓말을 능숙하게 하는 사람이라 할지라도 말의 앞뒤가 맞지 않거나 상황의 부조리에 스스로 걸려들 가능성이 높다. "예", "아니요"의 거짓말보다 그 상황에 관해 이야기하는 것이 훨씬 더 복잡하고 힘들기 때문이다. 그래서 바람을 피운 것 같다거나 나를 속인 것 같은 느낌이 들 때는 단답형을 유도하는 질문보다는 서술적으로 말할 수 있는 질문, 즉 열린 질문을 해야 한다.

"어제 왜 전화 안 받았어?"라고 물어본다면 "어제 아팠어. 일찍 잤어."라고 말할 것이다.

그러나 앞으로 추궁할 목적이나 의심하는 느낌을 전혀 느끼지 못하게 당신이 먼저 어제 있었던 재미있는 에피소드를 얘기한 후, "너도 어제 재미있는 일이 있었을 거 같은데 듣고 싶어."라는 느낌과 분위기를 전달하면서 "어제 재미있는 일 있었나 봐? 친구들이랑 뭐 하고 놀았어?"라고 얘기를 꺼낸다면 말을 길게 할 것이다.

그는 어제 당신의 연락을 불순한 의도에서 받지 않은 죄책감에서 벗어나려고 정당한 혹은 설득하는 이유를 자연스럽게 얘기하거나 설명할 것이다. 만약 거짓말이라는 의심이 들면 그 얘기를 하나하나 잘 들어 주면서 부조리적인 상황을 찾아내면 된다.

거짓말을 하면 할수록 긴장을 하게 되고, 앞에 얘기를 즉석에서 꾸몄으니 뒤로 갈수록 앞뒤가 맞지 않게 되어 있다. 그럼 당신은 지금 하는 말과 처음 했던 말이 일치하는지를 속으로 분석하거나 기습적으로 앞부분에 했던 얘기를 되물어보라.

만약 거짓말이라면 매우 당황할 것이다. 꾸며 낸 말이니, 갑자기 물어보면 생각이 안 날 게 분명하기 때문이다.

시간에 상관없이 침묵을 유지한 채
상대방을 응시해 보자

거짓말을 읽어 내는 기술 2
- Silence Skill

거짓말을 알아내는 또 다른 방법은 침묵을 지키는 것이다. 자백전문
가들은 의도적으로 침묵을 지킨다. 피의자가 취조실에 들어오면, 자
백전문가는 아무 말도, 아무 행동도 하지 않는다. 그저 모든 것을 알
고 있다는 표정과 태도, 그리고 네가 저지른 모든 범죄가 여기 기록
되어 있다는 식의 서류들만 있으면 된다.

　　그리고 시간에 상관없이 침묵을 유지한 채 상대방을 응시한다.
아무 말 없이 상대방을 쳐다보는 것만큼 정신적으로 스트레스가 쌓
이고 심리적으로 불안한 일은 없을 것이다. 결국 범죄자는 그 불안
한 상태를 견디지 못하고 모든 것을 자백하고 만다.

이것을 연애에 적용해 보면, 남성이 잘못이나 거짓말을 했을 때 "다 알고 있어. 그러니깐 다 털어놔. 용서해 줄게."라는 식의 방법이 된다. 일단은 많은 말을 하지 않아서 좋고, 서로 신뢰가 있는 사이거나 비교적 마음이 여린 남성에게 효과가 있다.

그러나 이 방법에는 주의할 사항이 있다. 남녀의 프레임에서 여자가 위에 있다면 가능하지만, 남녀가 동등한 연애관계이거나 남자가 위일 경우는 안 통한다는 것이다.

이 방법은 수사관은 갑이고 피의자는 을이라는 상황 속에서 이루어지는, 그야말로 태생부터가 갑을관계인 상황에서 나온 방법이기 때문에 여자가 남자보다 위에 있는 프레임 속에서 사용해야 효과가 있다.

남자가 거짓말을 했을 때, 밑도 끝도 없이 '다 알고 있어. 그러니깐 네가 잘못한 것이잖아. 다 털어놔 봐. 왜 그랬어?'라는 식의 눈빛과 태도와 분위기를 조성해 보아라.

만일 남자가 반격기로 증거도 없이 의심하고 믿어 주지 않는다고 화를 낸다면, 도리어 상황은 역전될 것이다. 분명 남자 친구가 잘못했을 것 같은 모든 정황과 의혹을 뒤로하고, 여자가 의심병으로 몰리는 것이다. 아무 증거도 없이 의심한 데다 남자는 여기에 구체적인 몇 개의 증거를 대면, 오히려 당신이 미안해지는 모양새가 되어 버릴 것이다.

이처럼 명백한 증거도 없이 '다 알고 있어.'라는 식으로 침묵을 지키면, 남자는 "나 못 믿어?"라며 화를 낸다.

더 이상 반박할 증거가 없어서 후퇴를 하게 되면 이 공식이 성립할 수 없기 때문에, 정황이나 의심이 갈 때 쓰기보다는 명백한 증거가 있는 상황이나 이미 잘못한 사실이 있을 때 쓰면 더 효과적일 것이다.

셋.

여우들의

연애지침서

연애의

기술

남자의 행동을 유심히 관찰하여
나에게 관심이 있는지
알아보도록 하자

남자가 여자에게
관심 있을 때 하는 행동

남자가 여자를 좋아하고 관심 있어 할 때의 심리와 행동, 말과 연락 등에 대해서 수많은 고민과 경험을 했고, 많은 남녀들을 상담해 주었다. 여러 가지 징후가 있었지만, 그중에서 공통으로 감지되는 현상이 있었는데, 이를 한번 종합·나열해 보도록 하겠다.

가장 첫 번째 징후는 자주 쳐다본다는 것이다.

그녀가 무엇을 하든 어떤 이야기를 하든 늘 눈이 먼저 가게 되어 있다. 문득문득 나를 본다면, 그리고 의식한다면 좋아한다고 볼 수 있다. 이것은 관심으로 이어지는데, 자주 쳐다보다가 그녀가 무엇을 하든지 많은 관심을 표현하게 된다. 그리고 어떤 작은 기회나 상황이 된다면 대화를 하려고 노력할 것이다.

또 다른 반응은 정반대인 무관심이다. 좋아하는 여자를 자주 쳐다보고 관심을 가지지만, 막상 그녀와 눈이 마주치거나 그녀가 먼저 말을 걸면 피한다.

이때 여자의 입장에서는 이런 남자가 자신감이 없어 보이거나 별로라고 할 수 있지만, 이런 행동을 보이는 것은 거의 둘 중 하나이다. 순진한 남자이거나 당신을 정말 좋아하는 남자이다.

사실 좋아하는 여자를 보자마자 당당한 태도로 유머를 던지고 친밀해지는 남자는 보통 남자가 아닐 확률이 높다.

대부분의 평범한 남자나 순진한 남자, 혹은 정말 좋아하는 남자라면 자신도 모르게 작아지고 부끄러워 무관심한 척하거나 피하는 반응을 보이는 경우가 많다.

이 시기가 지나고 나면 본격적으로 남자가 관심을 가지고 접근을 하는데, 일단 연락을 자주 한다. 작은 일에도 별일이 없는데도 계속 연락을 하고 대화를 시도한다면 당신을 좋아할 가능성이 높다.

여성도 그럴 수 있겠지만, 남자는 절대 의미 없는 일에 노력을 기울이지 않는다. 남자가 여성에게 돈을 지불하는 것은 그녀를 좋아하기 때문이지, 돈과 시간이 남아돌아서 지불하는 것이 아님을 알아야 할 것이다.

그래서 만남을 제의를 하고 당신을 위해 데이트 비용을 지불하고 선물을 준다면, 그것은 아주 확실하게 당신을 좋아한다는 증거이다.

또한 자신이 좋아하는 여성의 주변에 남자 선후배나 친구들이 접근하는 것에 굉장히 경계하고 의식한다. 당신이 다른 남자들과 재미있게 이야기를 나누고 친밀함을 보인다면, 그의 얼굴 표정이 점점 굳어질 것이다.

만약 그것을 보고 영악하게도 오히려 다른 여자와 더 친밀한 모습을 보인다면, 그의 본성이나 인격을 잘 살펴볼 필요가 있다. 그 정도라면 이미 당신의 모든 심리를 꿰뚫어 보고 더 고단수로 행동하는 것일 수도 있기 때문이다.

남자가 나를 좋아한다는 판단이 선다면,
자신만의 기준으로 판단하지 말고 남자에게
많은 기회를 주기 위해 노력해보자

남자가 여자를
좋아할 때 하는 언어 △카톡

앞에서의 모든 과정이 지나면 남자들은 허세를 부리기 시작한다. 이
는 어떤 남자들에게서는 처음부터 나타나기도 하는 특징이기도 하다.

여성들이 의아해 하는 행동 중에 하나가 바로 남자의 허세인데,
여성의 입장에서도 더 예뻐 보이는 것이 자신에 대한 자신감이나 당
당함에 기여하듯이 남자에게 있어 이 허세는 자기 자신에 대한 자신
감과 같은 것이라고 할 수 있다.

물론 겸손이 몸에 밴 남자라고 할지라도 좋아하는 여자 앞에서
는 자기 자랑이나 허세를 늘어놓을 수 있다. 왜냐하면, 이런 행동이
여자에게 더 큰 호감을 살 수 있을 거라 여기기 때문이다.

이것은 사실 남자의 잘못이 아니다. 진화심리학에 근거했을 때, 당연한 행동이다. 다만 현대 시대에서는 이를 제대로 표현하는 방법을 몰라 그렇게 과장하게 되었고 이런 점이 때로는 재수 없게 보일 뿐이다.

만약 좋아하는 남자가 허세나 자랑을 늘어놓는다면 그것을 인정해 주고 특별하게 여겨 주어라. 그것이 오히려 계속해서 허세나 자랑을 하게 하지 않는 방법이기도 하고, 남자의 기분을 좋게 하는 방법이기도 하다.

남자가 여자를 좋아할 때 드러나는 말과 행동 중에서 대표적인 또 다른 특징은 바로 자신이 좋아하는 여성 앞에서는 유치해지거나 매우 느끼해진다는 것이다.

여성들은 왠지 순정만화나 로맨스를 상상하겠지만, 사실 남자는 좋아하는 여자를 소유하는 싶은 마음이 가장 먼저 들기 때문에 내 것으로 만들기 위한 작업부터 하게 된다.

이 과정에서 나는 여자와 남자가 서로에 대해 잘 모르기 때문에 엇갈리는 오해가 생긴다고 생각한다.

여자의 입장에서는 좋아한다면 '이렇게 진행하고 이렇게 말하고 행동해야 하는 거 아냐?'라고 남자를 판단하겠지만, 남자의 입장에서는 수많은 경쟁자로부터 빨리 내 여자로 만들고 지켜내야 한다는 생존본능이나 경쟁의식이 생기기 때문에 여성의 생각과는 다른 말을 하고 다른 행동을 하게 된다.

그래서 이 남자가 나를 좋아한다는 판단이 선다면, 너무 자신만의 기준으로 검증하거나 판단하지 말고 남자에게 많은 기회를 주기 위해 노력했으면 좋겠다고 말해주고 싶다.

공감해 주고 이해해 주고
그 사람의 이야기에 귀 기울여 보자

남자들이 설레는
여자들의 행동

남자들이 설레는 여자들의 행동에는 무엇이 있을까? 물론 여러 가지가 있겠지만, 여기에서는 가장 쉽게 남성을 설레게 하는 매력들을 몇가지 꼽아 순서대로 하나씩 알아보도록 하자.

가장 먼저 쉽게 할 수 있는 행동이 밝고 상냥하게 인사하는 것이다.

여성이 먼저 밝고 상냥하게 인사를 지속적으로 한다면 남성은 '어? 이 여성이 나를 좋아하는가 보다!'라고 착각하는 버릇이 있다. 이것을 이용하는 것이다. 많은 남자들은 여성이 밝고 상냥하게 먼저 인사하고 말을 건다면 '어? 나를 좋아하나?' 라고 생각한다. 그러면 남성은 조금씩 또는 서서히 그 여성에 대해 관심을 갖고 의식을 하게 된다. 또한 여성들이 먼저 호의를 베푸는 일을 겪어 보지도 못한 대부분의 남성들에게 아주 간단하게 매력을 어필할 기회가 될 것이다.

두 번째는 긍정적 느낌과 약간의 애교 섞인 말투이다.

보통의 여성들은 애교라고 하면 거북한 '뿌잉뿌잉'이라고만 생각하는데, 이것은 연인 단계에서나 하는 것이다. 호감을 이끌어 내고 알아 가는 단계에서 남자의 마음을 설레게 하기 위해서는 그렇게 애교를 할 수도 없고, 할 필요도 없다.

당신은 그냥 그 남자가 하는 말에 웃음을 띠며 밝은 느낌으로 긍정을 해 주기만 하면 된다. 그리고 말끝을 약간 늘어트리기만 하면 되는 것이다. 실제로 남자의 말에 공감해 주고 이해해 주면 남자가 스스로를 가치 있다고 여기기 때문에 남자는 이렇게 자신을 인정해 주고 이해해 주는 여성을 매우 다르게 보게 되어 있다.

남자들이 만들어 낸 과장되거나 재미난 이야기는 여성들이 공들여서 화장하는 것과 같은 원리이다. 나를 알아 달라는 것이다. 그래서 남자가 하는 일과 취미, 특기 등에 공감해 주고 가치를 인정해 준다면, 남자는 매우 기분이 좋아지고 그전에 다른 여자에게서 느끼지 못한 좋은 느낌을 갖게 된다.

여자는 남자의 어떤 점에 설레는가? 사실 아주 간단하다. 여자 역시도 자신에게 없는 것에 대해 이성적 호감과 설렘을 느낀다. 예를 들어 굵은 팔뚝이나 강인한 어깨나 허벅지를 가지고 있을 때, 주차나 후진을 단번에 성공할 때, 그리고 못질이나 높은 곳에 있는 물건을 내려줄 때, 복잡한 계산이나 수학문제를 단번에 해결할 때일 것이다.

이 모든 예시들은 여자들이 잘 할 수 없거나, 여자에게 없는 것이다. 이 점을 참고한다면, 남자가 설레는 여성들의 포인트도 간단하다. 남성에게 없는 것, 즉 여자만이 가지는 여성의 매력을 최대한 어필하면 되는 것이다.

그중에서도 가장 쉬운 것이 바로 샴푸냄새와 향수이다. 움직일 때마다, 스쳐 지나갈 때마다 살짝살짝 풍기는 여성의 향기는 남자의 후각을 자극한다.

또한 옷을 입을 때는 라인이 드러나는 옷을 입는 것이 좋다.

대부분 거의 모든 남자들이 패셔니스타나 스타일리스트의 옷과 명품에는 관심이 없다. 남자들은 1만 원짜리 청바지나 원피스라도 라인이 잘 드러나는 옷을 입은 여성을 보면 매우 호감을 느낀다는 것을 알아 두어야 한다.

꼭 짧은 치마나 섹시원피스, 스키니진 등을 말하는 것이 아니다. 적합하게 입는 옷이라도 자신의 몸매를 잘 살리는 옷을 고르라는 것이다. 그것이 최고의 성적매력, 섹스어필이 된다. 주위를 둘러보면, 대부분의 그런 여성들은 남자친구가 있거나 수많은 헌팅을 받을 것이다.

여성스럽게 수줍어하며
부끄러워 하라

남자가 좋아하는
여자들의 매력포인트

남자가 좋아하는 여자의 행동 중에는 아주 간단하면서도 큰 효과를 보는 것이 매우 많다. 왜냐하면, 아주 고맙게도 인터넷에 'ㅇㅇ녀니 ㅇㅇ녀니' 하면서 여성의 특정 행동에 대해 극단적인 막장 이미지를 심어 주었기 때문이다.

사실 나 역시도 많은 연애를 해 보았지만, 대부분은 착하고 상식선의 여성들이었다. 하지만 어찌 된 영문인지 인터넷과 언론에서는 극단적인 여성들의 말과 행동을 일반화하면서 요즘 세태인 것처럼 하고 있으니, 오히려 이것을 역이용하면 될 것이다.

가장 하기 쉬운 방법은 순수한 척하는 것이다.

스킨십을 할 때나 터치를 할 때, 여성스러움을 강조하면서 망설이다든지 특히 잠자리를 할 때, 마치 처음인 것처럼 부끄럽고 수줍게 행동하는 것이다. 남자가 아무리 적극적으로 해달라고 할지라도 절대 넘어가지 말라. 능숙하게 하는 것보다는 수줍고 부끄러워하는 것이 남자를 더 흥분하게 하는 법이다.

또한 겸손이나 소박함을 어필하는 방법이 있다.

내가 만난 여성 중에 아직도 기억이 나는 여성이 있다. 그녀는 지적이고 고급스러운 이미지와는 달리 가장 좋아하는 음식이 김밥이라고 했다.

입맛이 너무 소박한 거 아니냐고 하니, 왜 놀리느냐며 김밥이 제일 맛나더라고 했다. 그 순간, 그녀가 너무 놀랍고도 귀여웠다. 이렇게 자신만의 고유한 특징이 있다면 그것을 어필하는 것도 좋은 방법 중 하나일 것이다.

이외에도 남자의 실수나 약점을 넓은 마음으로 이해해 주고 용서해 주는 행동이 있다.

사실 일부 남자들은 여성이 속이 좁고 이기적이라고 생각하기도 한다. 그래서 여성을 만날 때 웬만하면 약속을 어기려고도 하지 않고, 실수를 하지 않으려고도 노력한다.

그래서 오히려 당신은 남자가 바람을 피우는 것과 같은 어이없는 실수를 하지 않는다면, 이런 사소한 일들은 너그럽게 용서해 주고 이해해 주고 유머로 넘기는 것, 즉 이해심이 많고 넓은 마음을 가진 여성이라는 것을 어필하는 것도 좋은 방법이다.

또한 가장 결정적으로 데이트비용을 지불해 주거나 선물을 먼저 주는 행위도 남자를 매우 감동하게 한다.

대부분의 남자들은 이런 일을 거의 겪어 보지 않았다. 여성들은 남자의 접근을 먼저 받아 보았기에 학습을 통해 이런 방법들을 알고 있겠지만, 대부분의 남자에게 선물을 먼저 받거나 여자가 데이트 비용을 지불하는 등의 일은 드문 일도 아니고 거의 없다고 해도 과언이 아니다.

그러니 역할변경과 같이 생각하여 내가 먼저 데이트코스를 짜거나 비용을 지불하고 선물을 주는 것도 매우 좋은 방법이다.

넷.
꼬이는
애만
꼬이는
끌림의
법칙

평범한 남자를 만나고 싶다면
나에게 온 모든 남자에게 가능성을 두고
기회를 주도록 하자

못생겨도 연애만
잘하고 다니는 여자

옛말에 '총알 피하다가 대포 맞는다' 라는 말이 있다. 물론 아닐 수도 있을 것이며 연애를 하면서 남자 보는 눈이 더욱 좋아져 더 좋은 선택을 할 수도 있을 것이다. 그러나 만약 악순환이 계속된다면 어떻게 해야 할까.

한 사례를 토대로 알아보자.

내 친구 중에 성격이 매우 소심하나 고급외제차를 몰고 다니며 정직한 친구가 있었다. 실제로 이 친구는 집안도 좋고 수입도 높았지만, 여성에게 절대 없는 말을 하지 않는다. 여성을 유혹하기 위해 온

갖 감언이설만을 하는 나와는 전혀 반대의 성격이다.

외제차를 몰고 좋은 직장을 다니면 다 예쁜 여자를 만나게 될 거라는 남자들의 환상과는 다르게, 이 친구는 애인이 늘 없었다. 그러던 어느 날, 한 무리의 여성이 하는 이야기를 들었다.

 이제는 남자 얼굴 필요 없어. 좀 제대로 된 직업에 제대로 된 남자 없나?

나도 벤츠 타고 다니는 남자 한번 만나 보고 싶다~

 하하하!

나는 그 이야기를 듣고 즉각적으로 그 친구를 보내 보았다. 너희들이 원하는 남자가 옆에 있으니 한번 만나 보라는 의미에서였고, 나의 호기심과 연구 자료로 쓰기 위해서였다. 그러나 그녀들은 역시 헌팅남이라는 이유로 그냥 거절해 버렸다.

여자가 좋아하는 모임이나 파티에 나만을 위한 왕자님이 '짜잔' 하고 나타는 일은 거의 없을 것이다. 만남의 장소와 형태는 중요하지 않다. 그 사람이 어떤 사람인지를 먼저 보는 눈이 필요한 것이다.

어떤 여자들은 네일아트를 받고 카페에 가서 커피를 마시고 쇼핑을 한 후, 좋은 옷을 입고 멋진 파티나 모임에 나가서 우연히 남자를 만날 수도 있을 것이다.

하지만 남자들 중에 그곳에 가는 사람은 거의 없다. 멋진 파티나 모임에 나가는 남자들은 대부분 사업상 거래를 성사시키기 위해서거나 선수로서 정말 의도적으로 가는 경우이다.

최소한 선수가 아닌 평범한 남자를 만나고 싶다면, 남자들이 있는 장소를 못 갈지언정 그 어떤 장소에서도 나에게 온 모든 남자에게 가능성을 두고 기회를 주는 것이 그 첫 번째 단계다.

더 알아내고
관찰하도록 하자

만류인력의 법칙
- 보는 눈은 같다

남자들이 좋아하는 여자들의 전체적인 이미지는 비율이 좋고 가슴과 골반이 발달한 여자이다. 물론 외모의 차이가 많이 난다면 남자들은 무조건 예쁜 여자를 선택할 가능성이 높다. 그러나 조금 예쁜데 마르거나 전체 비율이 별로라면, 비율이 좋고 골반과 가슴이 발달한 여자를 선택할 가능성이 높다.

혹시 좋아하는 남자가 다른 여성을 좋아한다면, 그 여성에 대해 세세하게 파악하는 것이 중요하다. 특히 그녀가 남자들에게만 하는 행동을 파악해야 한다.

여자들도 그렇지만 남자에게도 자신만의 기준이 되는 이상형이 있고 성적매력을 느끼는 어느 특정 부분이 있는데, 여성이 남자에게 가장 섹스어필을 쉽게 할 수 있는 부분은 바로 몸매이다.

여성들이 오해 하는 것 중에 하나가 남자는 마르고 인형같이 생긴 여성을 좋아할 것이라는 생각이다. 그러나 인형같이 생기고 마른 몸매의 여성을 좋아하는 남자는 소수이다. 오히려 여성미와 볼륨감 있는 골반과 엉덩이, 허벅지 등이 남자들에게 섹스어필을 더 잘한다.

특히 치마나 원피스를 입었을 때 남자에게 없는 가슴과 허리 골반의 라인이 살아나는데, 건강한 허벅지는 남자들이 성적매력과 충동을 불러 일으키게 한다.

따라서 내가 좋아하는 남자가 호감을 보내는 다른 여자의 스타일과 몸매, 외모, 성격 등을 잘 관찰하는 것이 좋은데, 그 남자가 그 여자에게 성적매력이나 이성적 호감을 느끼는 데에는 반드시 이유가 있기 때문이다.

남자는 절대 운명적으로 또는 알 수 없는 느낌 때문에 여성을 좋아하지 않는다. 오직 시각적인 요소로 보이는 아름다움과 매력에만 이끌린다. 그래서 더 알아내야 하고 관찰해야 하는 것이다.

그런데 신기한 것은 당신이 좋아하는 그런 부류의 남자들은 대부분 비슷한 부류의 여성을 좋아한다는 것이다. 그래서 나에게 부족한 부분이 있다면, 그것을 그 여자에게서 찾아내 보완해야 한다.

즉, 뚱뚱하거나 말랐다면 헬스를 통해 가슴과 다리를 더 건강하게 만든다든지 몸매의 비율이 맞지 않는다면 다이어트나 스타일로 극복하는 등 개발이 필요하다.

그리고 남자들이 끌리게끔 애교나 끼를 부리는 듯한 말투 등을 연습을 통해 그 여성과 비슷하게 유지해야 할 것이다.

꼭 그 남자와 이루어지지 않더라도 그렇게 계속 노력하고 연습한 다면, 분명 다른 멋진 남자가 다가오게 될 것이다.

당신이 좋아했던 부류의 남자는 대부분 자신이 좋아했던 비슷한 스타일의 여성을 좋아한다. 후천적 노력을 통해 그 경쟁자와 비슷한 이미지를 가지게 된다면, 이번 사랑은 이루어지지 않을 수도 있으나 다음에는 그와 비슷한 남자로부터 호감을 이끌어 내는 데 더 유리하 거나 선택을 받을 수도 있다.

그 남자의 이상형은 어느 정도 정해져 있기 때문에 다음에 좋아 할 여성도 비슷한 유형의 여성을 좋아할 가능성이 크다.

그의 마음이
내 것인지 파악하라

나쁜 남자 길들이기
- 마인드 센터링

보통의 여성들은 나쁜 남자와 좋은 남자를 구분하지 못하거나 혼동
한다.

'이 사람은 분명히 좋은 사람인데 왜 나에게 불편하게 대하지?'
또는 '이 사람은 좋은 사람인데 왜 이렇게 내가 불편하지?'라는 생각
을 한 번쯤은 해 보았을 것이다.

예를 들어, 만약 어떤 남자를 보았을 때 그가 다른 사람에게 매
우 친절하고 인간관계가 매우 좋으며 자신의 여자 친구나 옛날 애인
에게 매우 좋은 남자친구였다면, 그가 정말 좋은 사람이라는 평가를
하게 된다. 그러나 이상하게도 그의 여자 친구가 되고 싶어 연락을

하거나 호의를 베풀어도 당신에게게만은 그렇게 하지 않는다면?

이 사람은 분명히 좋은 사람인데, 당신에게만큼은 연락을 잘하지 않고 답장을 하여도 회신이 늦거나 그로 인해 매우 불편하고 신경이 쓰여서 힘들어진다면, 내릴 수 있는 결론은 이것이다.

그 사람은 분명히 좋은 사람이다. 단, 자신이 좋아하는 여성에게만 좋은 사람이다. 당신을 좋아하지는 않으니, 그 좋은 모습을 당신에게 보여 주지 않는 것이다. 그러니 혼자 아무리 잘해 주어도 그 사람의 좋은 모습은 볼 수가 없다.

만약 이런 상태로 억지 만남을 이어 가거나 관계를 지속한다면, 그는 당신을 그렇게 좋아하지 않기 때문에 의도치 않게 나쁜 남자가 될 수도 있다. 그의 행동을 하나하나 분석하면서 왜 그랬을까를 생각하며 쓸데없이 시간을 낭비하고 허비하게 되고 힘들어지다가 애써 마음을 추스르고 기대를 하게 되지만, 결국은 실망하는 결과가 나오게 된다.

즉, 판사처럼 누가 언제 어떻게 왜 그랬는지 일일이 다 파악하여 공명정대하게 판결을 내리고, 좋은 사람 아니면 나쁜 사람이라고 결론을 내리는 그 행동을 할 필요가 없다는 뜻이다.

사랑이나 인연 그리고 나랑 잘 맞고 나를 좋아해 주고 행복하게 이루어지는 연애에는 그런 일이 전혀 없다. 그냥 한눈에 한번에도 모든 것이 긍정적이고 순탄하고 순조롭게 잘 진행된다.

즉, 남자는 마음에도 없는데 혼자만의 환상으로 계속해서 좋은 사람이라고 기대를 하고 관계를 지속하거나 상대하다가는, 마음에 상처만 입고 머리만 아프게 된다는 것이다. 내가 아무리 좋아해도 그가 나를 좋아하지 않는다면, 결국 좋은 남자라고 생각했던 그 역시 본의 아니게 나쁜 남자밖에 될 수 없다.

다섯.
갑으로
유혹하고
갑으로
연애하기

'콜드리딩'은 스피드 라포의
감초 역할을 한다
그의 마음을 읽어내보자

'손자병법'으로 보는
여우의 전략

남자를 알고 나를 알면 백전백승이다. 먼저 남자에 대해 잘 알아야 하는데, 이를 위해 먼저 심리학의 대화기술들을 알아야 한다. 가장 먼저 알아야 할 것이 '콜드리딩cold-reading'이다.

'콜드리딩'이란 원래 '모르는 사람을 직관적으로 읽어 내는 기술' 을 말한다. 이러한 기술을 알아야 하고 배워야 하는 이유는 무엇일까?

일반 서적에서는 세일즈 영업, 무속인의 점술, 대인관계 등을 위해 이 기술을 가르치지만, 나는 유혹을 위해 꼭 필요하다고 말하고 싶다. 유혹에 있어 콜드리딩은 그야말로 '스피드 라포Speed Rapport(빨리 친밀해지기)'의 감초 역할을 하기 때문이다.

콜드리딩의 정의와 개념에 대해 파고든다면 끝이 없다. 중요한 것만 기술로 쓸 수 있으면 좋지 않을까 하는 생각에, 간단하게 멘트화 시켜 보았다.

두루뭉술하게 "너는 이럴 것이다." 또는 "혹시 ○○○한 거 아냐?"라고 했을 때, 그 남자가 "응, 맞아~ 사실 그래."라고 한다면 대화는 한층 더 탄력이 붙을 것이다. 이것이 바로 콜드리딩이다.

대화법이나 인간관계가 다소 부족하더라도 누구나 원리를 알면 정말 쉽게 할 수 있다. 대부분 서양에서 온 개념이니 서양에서 더 잘 통하고 동양에서는 통하지 않을 것으로 생각하는데, 그렇지 않다.

내가 쓰는 데이트기술은 심리학과 최면기법에서 영감을 얻은 것이 대부분이기 때문이다. 물론 이 모든 것들이 한국 실정에 맞게 필터링 되지 않으면 안 하는 것만 못하므로 주의해야 한다.

이제부터는 대인관계에 대한 원론적인 설명이 아니라 남성과의 대화 시에 사용할 수 있는 방법을 알아보도록 하자.

콜드리딩을 가장 많이 사용하는 사람은 종교지도자와 무속인, 그리고 상담사이다. 그들은 찾아온 수많은 고객들이 모두 현실에 불만족스럽거나 현재 일이 잘 풀리지 않거나 그 어떤 결론도 내릴 수 없는 난처한 상황에서만 자신을 찾아오는 것임을 직관적으로 알고 있다.

어떤 고객은 지금 당장의 위안과 자기 합리화를 더 필요로 하기 때문에 그들은 고객의 신경을 건드리고 불쾌하게 하는 이야기는 하지 않는다. 만일 잘못을 지적하여 그들의 기분을 상하게 할 경우 다음에 그 고객이 다시 찾아오지 않을 가능성이 상당히 높기 때문이다. 대신 그들은 그 순간 고객을 특별하게 인정해 주고 이해해 주며 그들만의 세계를 알아준다. 이것이 고객의 호감도를 높인다는 사실을 알고 있기 때문이다.

이러한 경향은 누구에게나 다 있는 부분이므로 그러한 맥락에서 그 남자의 전공이나 고민, 자부심을 느끼는 특정분야의 권위를 인정해 주고 이해해 주면 된다.

'스톡스필'로
　　　그와 공감형성을 만들어보자

만인의 연인
'스톡스필 법칙'

인간은 누구나 비슷한 고민을 하고 비슷한 경험을 한다. 그러므로 아무리 잘생기고 멋진 남자라 할지라도 비슷한 경향과 연애 경험을 가지고 있다. '스톡스필Stock Spiels'이란 이처럼 누구에게나 적용되고 누구나 공감할 수 있는 말을 하는 것을 뜻한다.

예를 들어, "수많은 고난과 어려움을 견디고 이어 온 전통성 있고 강인한 민족입니다."라고 말을 했다고 가정하자. 그럼 여기서 말하는 '민족'은 누구일까? 이는 모든 민족에게 통하는 말이다. 이 세상 모든 국가와 민족이 자신들은 수많은 외세를 극복하고 이 땅의 유일한 전통을 지켜 온 강인한 민족이라고 생각하기 때문이다.

또 하나 예를 들어 보면 "사람을 사귈 때는 그 사람의 겉모습을 보고 판단하는 것이 아니라 그 사람의 생각과 인격을 보고 판단해야 한다. 눈에 보이는 것만 판단하는 것은 경솔하다."라는 말을 들은 적이 있을 것이다. 그럼 이 말은 우리나라에서만 통하고 있는 말일까? 아니다. 전 세계 어디에서도 있는 말이다. 인간이 공동체를 이루고 살아가는 삶의 방식은 다 비슷하기 때문이다. 생물학적으로 모두 같은 종이니 당연한 것이다.

아주 큰 어항에 생김새가 다른 거북이를 다 모아서 키워 본다면 생김새만 다를 뿐, 생존과 번식할 때 하는 행동은 같다는 것이다. 거북이는 결국 다 같은 반수생이기 때문이다.

그럼 이 스톡스필이 어떻게 사용되는지 한번 보도록 하자.

종교지도자에게 상담을 받으러 간 신도가 있다. 그 신도가 자신의 신앙과 가족사 및 인생 경험을 세 시간에 걸쳐서 얘기했다. 그리고 그 신도는 마지막에 "지도자님, 어떻게 하면 좋겠습니까?"라고 물었다. 종교지도자는 그 사건 하나하나를 설명하며 신의 뜻과 가르침을 주는 것이 아니다. 마지막에 딱 한마디만 하면 되는 것이다.

"아직 믿음이 부족해서 그렇습니다!"

이 말 한마디면 모든 게 정리될 것이다. 그러면 신도는 무릎을 딱치면서 "아~ 그렇군요."라고 말하고 돌아갈 것이다.

그럼 이번에는 학원을 예로 들어 보자.

어떤 강사가 맡은 한 학생은 학원도 다니고 과외도 받으면서 정말 열심히 공부하였다. 그 강사도 학생의 성적을 올리기 위해 모든 수단을 다 써 보았다. 그럼에도 불구하고 성적이 향상되지 않았을 때, 초보강사는 자괴감이나 자신의 실력이 부족하다고 느낄 수도 있을 것이다. 하지만 노련한 강사라면 이렇게 말할 것이다.

"학생은 머리는 좋은데 기초가 부족해서 그래. 성적은 단기간에 오르지 않는 거야."

그리고 결국 '재수강'이라는 궁극의 목적을 이끌어 낼 것이다. 과연 저것이 항상 진실일까?

몇몇 학생에게는 진실일 수 있지만, 어떤 학생은 공부에 아예 소질이 없을 수도 있고 학습 방식이 이 강사와는 맞지 않는 것일 수도 있다. 하지만 노련한 강사는 위의 예시와 같이 어떤 학생이 듣기에도 그럴듯한 이야기를 하며 재수강의 목적을 달성해 낼 수 있다.

이제 유혹과 연애로 넘어와 보자.

아주 멋진 남성도, 일반적인 남성도, 모두 비슷한 남성으로서의 성향을 가지고 연애경험을 하며 인생을 살아왔을 것이다. 예시에도 나와 있듯이 1만 원짜리 거북이도, 100만 원짜리 거북이도, 결국 생활방식과 먹이활동은 다 비슷한 것처럼 말이다. 100만 원짜리 거북이라고 해서, 입에서 불이 나오고 하늘을 날지는 않는다는 것이다.

아주 멋진 남자를 여자들이 보았을 때 '저 훈남은 정말 대단한 여자와 사귀고 대단한 연애경험이 있을 거야.'라고 착각하지만, 절대 그렇지 않다.

설마 그런 경험이 있다고 할지라도 그것은 그냥 하나의 일탈적 추억일 뿐, 누구나 다 일상으로 돌아온 후 비슷한 삶을 산다. 멋진 남자라고 해서 정말 예쁘고 잘나가는 여성과 매일 감동적인 데이트를 하고 매우 기뻐하고 즐거워하면서 고급 외제차를 타고 다니는 것이 아니다.

크게 보면, 남자들에게는 두 가지 연애 경험밖에 없다. 하나는 괜찮은 여자를 순조롭게 만나고 친해져서 연애하는 경우와 나머지 하나는 마음에 들지 않지만 지금 당장 여자 친구가 없고 외로워서 사귀게 되는 경우이다. 그래서 결국은 대부분의 남자가 잘생기든 그렇지 않든 상관없이 비슷한 연애 경험이나 비슷한 여자 경험을 가지게 되어 있다.

예를 들어, "혹시 오빠는 여자를 볼 때 물론 외적인 부분도 보지만 내적인 면, 그러니까 그 여자의 인격이나 성품, 여성미 같은 것을 더 중요하게 생각하지 않나요?"라고 말한다면 남성 10명 중의 9명은 그렇다고 할 것이다.

그러면 당신은 이렇게 말하면 된다.

> 왠지 그럴 거 같아서요~ 겉모습을 보고 판단하는 다른 사람들과는 다르게 오빠는 본질을 보려고 노력하는 것 같아요. 눈에 보이는 것보단 느낌과 인성 같은 것을 더 중요하게 여기는 것 같은데~ 사실 저도 그렇거든요.

모든 사람들이 연애에서만큼은 감성과 느낌에 더 끌린다. 따라서 이 이야기에 그는 맞장구를 칠 것이고, 당신은 또 이렇게 얘기하면 된다.

> 다른 사람들은 나의 외모에 호감을 느꼈을지 몰라도, 오빠는 처음부터 조금은 달라 보였어요. 왠지 뭐라고 할까~ 같이 술 먹는 남자들은 자기 자랑하고 허세 부리기 바쁜데, 오빠는 진솔하고 인간적인 것 같았거든요.

이 말을 듣고 "나는 그런 거 아닌데 나를 좋게 보지 말았으면 좋겠어. 왜냐하면, 나는 네가 싫거든."이라고 말하는 남자는 없을 것이다. 보통의 사람들은 스톡스필에 따라 만들어 낸 루틴을 듣게 된다면, 오히려 당신을 다르게 볼 것이기 때문이다.

이렇게 이야기를 하고 조금씩 다가선다면 그는 매우 수긍할 것이다. 자신을 정확하게 봐주는(정확히 봐준다고 착각하는 것이지만), 특히 자신에게 맞추어 달라는 다른 여자들과는 달리 오히려 자신을 이해해 주고 알아주고 코드가 맞는 여성은 드물기 때문이다.

스톡스필을 이용해 앞에서 언급했듯이 스토리텔링화 시켜서 사용한다면, 10명의 남성 중 9명은 수긍할 것이다.

아무리 멋진 남자도 근본적으로 미녀들만 좋아하고 만나면서 살아온 게 아니므로, 당신이 비록 퀸카가 아닐지라도 당신의 호감형 인상과 차별화된 접근과 대화코드를 통해 좋아하는 감정을 이끌어 낼 수 있다.

'서틀 네거티브'로
　　　그의 마음을 떠보도록 하자

늑대사냥? NO, 늑대낚시!
– 서틀 네거티브

'서틀 네거티브Subtle negative'란 '부정의문문을 사용하여 상대의 마음을 떠보는 기술'이다.

하지만 부정의문문이라고 해서 부정적 대화를 연상해서는 안 된다. 부정의문문을 통해 상대의 마음이나 제안을 떠보거나 교묘하게 빠져나가는 것을 말한다.

예를 들어 "혹시 ○○○ 회사에 근무한 적은 없어요?"라고 질문을 던진다고 가정해 보자. 이렇게 상대방이 이것을 부정의문문인지 눈치채지 못하도록 사용하기 때문에 '서틀 네거티브'라고 부른다. 원래 개념대로라면 대답을 두 가지로 나누어 볼 수 있다. 'Yes'와 'No'.

만약 상대방이 'yes'일 경우, 부정의문문으로 끝났지만, 상대방의 과거나 현재를 맞춘 것이 된다. "그렇죠? 왠지 자기 일에는 언제나 책임감과 성실함이 있어요. 하지만 자신이 흥미 없는 일에는 크게 관심을 가지지 않을 거예요." 이렇게 첫마디부터 명중하게 되면, 상대방은 당신을 좋게 볼 것이고 긍정적으로 판단할 것이다.

만약 상대방이 'no'일 경우, 즉 상대방이 그런 회사에 다닌 적이나 그런 쪽에서 일한 적이 없다고 해도 전혀 걱정할 필요가 없다.

"그렇죠? 왠지 그쪽은 설득이나 영업을 많이 해야 하는 곳이라 약간 거리가 있어 보여요. 제가 그 분야에 일하는 사람을 몇 번 본 적이 있는데, 그런 분야는 아닐 거 같아서 물어본 거예요."라고 말하면 된다.

또한 이 정도 얘기했으면, 상대방이 "전 ○○○쪽에서 일해요~"라고 정보를 말해 줄 때도 많다. 그것을 연애에 적용하면 어떻게 될까?

서틀 네거티브(부정의문문)를 사용한 스피드 라포 쌓기

🥿 안녕하세요~

네? 안녕하세요? 🕐

🥿 어? 스타일이 되게 특별한 거 같아요. 혹시 서비스 쪽에서 일하시지 않나요?

Yes일 경우

> 네^^ 어떻게 아셨어요?

> 아~ 그쪽에 일하시는 분들이 대부분 상냥하고 인상이 좋더라고요. 그래서 혹시나 해서요.

> 와우~ 대단하시다! 한 번에 알아보시고…. 좋게 봐주시고 감사합니다. ^^

> 처음 봤는데 왠지 모르게 사람을 기분 좋고 편안하게 하는 매력이 있는 것 같아서요. 그래서 서비스 쪽에 일하실 거라는 느낌이 들었죠. ^^

No일 경우

> 아니예요.

> 아~ 정말요? 왠지 미소가 정말 밝더라고요. 그래서 혹시나 해서요.

> 아~ 감사합니다.

> 처음 봤는데 왠지 모르게 사람을 기분 좋고 편안하게 하는 매력이 있는 거 같아요. 그럼 전문직?

> 음~ 전문직은 아니고 그 중간 정도? 금융 쪽에서 일하고 있어요.

> 아~ 금융 쪽이면 전문직이랑 서비스가 합쳐진 거잖아요. 그래서 왠지 약간 지적이면서 상냥해 보이셨군요.

ㄴ 상황적 합리화 + 끼워 맞추기

이런 식으로 대화한다면, 스피드 라포speed rapport(빨리 친밀해지기)를 쌓는 데 유리할 것이다.

여자가 남자를 처음부터 대화에 조금씩 참여시키면서 좋은 점을 알아봐준다면, 남자는 자신을 알아봐주는 여자에게 조금 더 편안함과 친근감을 느끼면서 호감을 느끼게 될 것이다. 남자 입장에서는 먼저 다가오는 여성이 거의 없다. 그래서 자신에게 먼저 상냥하게 잘 대해 준다면 특별하게 생각하는 것은 당연한 것이다.

그러나 호감을 대놓고 드러내고 접근한다면, 당신의 프레임이나 가치가 낮아지는 것도 부정할 수 없는 사실이다.

그래서 나에게 관심을 가지게끔 딱 이정도의 호의를 먼저 베풀고 거두어들인다면, 남자는 당신에게 큰 호감을 느끼게 될 것이고 이후에 당신에게 먼저 말을 거는 상황이 펼쳐지게 될 것이다.

다가가는 척하다가 호감을 느낄 때쯤 다시 당겨서 그가 오히려 오게 하는 것이 가장 좋은 방법이다.

센스 있게 톡톡 튀는 농담으로
매력을 어필해 보자

간결하고 센스 있게
– 언어의 마력 ▲

▲

서틀 퀘스천Subtle question은 서틀 네거티브와 반대라고 생각하면 된다.
긍정의문문을 사용하여 상대방에게 질문이나 어떤 주제에 대한 물
음을 던지고, 그 반응을 교묘히 이용하는 것이다.

서틀 네거티브보다는 조금은 위험할 수도 있어서 좀 더 노련함이
요구된다. 물론 학계에 보고되지 않은 경험을 바탕으로 한 개인적인
생각이다.

> 혹시 어렸을 때 크게 아픈 적이 있었을 거 같은데…. 짐
> 작 가는 거 있나요?

서틀 네거티브에 나오는 "혹시 옛날에 큰 사고를 당한 적이 있지

않나요?"와는 다른 문장이고 개념이다. 서틀 네거티브는 확실히 의문문을 쓴 것이고, 서틀 퀘스천은 당신에게 있을 법한 상황을 예측했다는 듯이 말하면서 '내가 너에 대해 어느 정도 큰 틀에서 맞혔으니, 다음 구체적인 얘기는 네가 해 보라'는 것이다.

다른 예로 살펴보자.

> 예전 회사에서는 열심히 했지만, 스타일이나 적성에 맞지 않는 부분이 많았을 거 같은데… 어떤 것들이 있을까요?

여기서 중요한 것은 이미 상대방의 과거를 내가 직관력으로 읽었고, 그것을 다시 확인하는 차원에서 되물었을 뿐이라는 점이다. 또한 회사를 이직했다면 당연히 그 회사와 맞지 않는 부분이 있었을 것이다. 그러므로 지금 회사가 전 회사보다 더 좋다는 것은 당연한 사실이다.

서틀 퀘스천을 정리하자면, 끝에 말을 다시 되묻는다고 생각하면 된다. 가령 아래와 같은 문장 형태로 말이다.

~일 거 같은데, 어때요?　　/　　~일 거 같은데, 맞습니까?

혹시 ○○○○한 적 있죠?　　/　　그것에 큰 의미는 있나요?

~인 것은 왜 그렇다고 생각해?

그럼 이제 이 셔틀 퀘스천의 기술로 대화를 한번 진행해 보자.

△

셔틀 퀘스천(긍정의문문)을 사용한 스피드 라포 쌓기

> 근데 오빠는 알고 보면 정이 많아서 강아지나 고양이를 키울 것 같은데~ 어때요?

키울 경우

> 어? 어떻게 알았어?

> 뭐 키우고 있어요?

> 나 강아지 엄청 좋아해.

> 보통 보면 사랑이 많고 마음이 따뜻한 남자들이 애완동물을 많이 키우던데, 그런 남자들이 대개 가정적이라고 하더라고요. 혹시 오빠 요리도 잘해요?

┗ 이렇게 칭찬과 자격을 부여해 주고 "오빠 요리도 잘해?"라고 물어본다면, 많은 남자들이 이렇게 대답할 수도 있을 것이다.

> 잘하지. ^^

> (하이파이브) 오빠 요섹남였어요? 완전 멋져요~

안 키울 경우

> 나 애완동물 싫어하는데~ 🕐

🎵 오빠는 마음이 좀 따뜻해 보여서 왠지 강아지나 고양이
를 되게 잘 키울 것 같아서요.

> 어릴 때는 키웠는데 커서는 잘 안 키워. 🕐

🎵 그렇구나. 그럼 강아지 대신에 저 한번 키워 보세요.

> 하하하하~ 진심이야? 🕐

🎵 농담인 거 아시죠?

> 아, 정말 너무 웃겼어~ 🕐

이렇게 간결하고 센스 있게 톡톡 튀는 농담을 한 번씩 한다면 남
자는 기분이 매우 좋아지면서 다른 여자에게는 못 느끼는 흥미를 바
로 당신에게서 느낄 것이다.

자신을 좋아해 주는 사람이 당신이라는 것을
어느 정도 생각해 보면 알 수 있도록
적절하게 이야기해보자

우연에서 인연으로
만드는 심리학 기법

※ 이 내용은 저자의 개인적 견해임을 밝힙니다.

'서틀 프리딕션subtle prediction'은 앞으로 일어날지도 모르는 일에 대해 언급하거나 맞추는 것을 말한다.

미래에 일어날 일을 예언해 훗날 그 예언이 적중했다면 나는 예언자가 되는 것이고, 틀려도 그만인 것이다. 왜냐하면, 그때쯤이 되면 모두가 그 말을 기억도 하지 못할 것이며, 그다음에 펼쳐질 미래를 걱정하고 있을 것이기 때문이다.

종교지도자와 무속인들의 예언을 보면 아래와 같다.

"머지않아(훗날 또는 이른 시일에) 인류가 하늘의 제왕이 되는 날, 지구의 하늘은 붉게 물들 것이며 땅은 뒤집힐 것이다. 우리가 생각할 수 없는 존재가 나타나 우리와 싸울 것이다."

이 예언은 나도 할 수 있다. 코에 걸면 코걸이, 귀에 걸면 귀걸이가 되는 것이다. 이제 내가 이 예언을 실현해 보겠다.

늘 있는 비행기 사고를 예언에 끼워 맞춰 보겠다. 200명의 사람을 태운 비행기가 태평양에 떨어졌다고 가정하자.

▲ 머지않아서 - 이건 어느 날에나 다 해당하는 날이다.
▲ 인류가 하늘의 제왕이 되는 날 - 비행기
▲ 지구의 하늘이 붉게 물들 때 - 낮에 떨어졌다면 다 해당하고, 밤에 떨어졌다면 더욱 해당할 것이다. 왜냐하면, 비행기에 불이 붙어 검은 하늘을 불빛으로 붉게 만들기 때문이다.
▲ 땅이 뒤집힐 것이다 - 땅은 곧 인간이니, 인간이 많이 죽는 걸 의미한다. 만약 비행기가 땅에 떨어졌다면, 적중률 100%가 되는 것이다.
▲ 우리가 생각할 수 없는 존재가 나타나 우리와 싸울 것이다 - 죄 없는 소방관들이 총출동했는데 생각할 수 없는 존재, 즉 뜻하지 않게 원유 유출과 직면하지 않겠는가? 결국, 소방관들이 하는 원유정제작업에 맞추면 될 것이다.

사실 종말론이나 예언이라는 것은 일부 위와 같은 내용의 일종

내 남자로 만드는
연애의 기술

이다. 또한 인간은 늘 재앙이 닥칠 때마다 충분히 이런 식으로 상황을 합리화하면서 서로를 또는 자신을 위로하고 끼워 맞출 수 있다고 본다.

"이른 시일 안에 물이 널 덮칠 것이야."
"훗날 하늘에서 너에게 심판을 내릴 것이야."

이런 말들은 생각하기 나름이거나 그 분위기와 상황에 따라 달라질 수 있다고 생각한다. 이것은 일부 종교와 무속인들만이 사용하는 것이 아니다. 타로에서도 부분적으로 쓰이고 있다.

"누군가 당신을 좋아하고 있네요. 그 사람은 지금 당신이 생각지도 못한 곳에서 나타날 것이며, 고백을 하기 위해 준비하고 있어요. 아, 약간은 재고 있기는 하지만 근본적으로 당신을 좋아는 하고 있어요. 하지만 지금 때가 아니라고 생각하고 용기가 없어 나서지 못하고 있네요."

이 말에 모든 남녀들이 설레거나 인연을 기다린다. 인간은 누구나 눈에 보이는 것 외에는 알 길이 없어 미래를 알 수도, 상대방의 마음을 알 수도 없어, 알 수 없는 것투성이니 더욱 그런 것이다.

그럼 이제 이것을 연애에 적용해 보겠다.

당신이 평소 좋아하는 남자와 타로를 보러 갔거나, 혹은 그 남자가 타로를 보러 갔을 때 타로술사가 이렇게 말했다고 가정해 보자.

"누군가 당신을 좋아하고 있네요. 그 사람은 지금 당신이 생각지도 못한 곳에서 나타날 것이며, 고백을 하기 위해 준비하고 있어요. 아, 약간은 재고 있기는 하지만 근본적으로 당신을 좋아하고 있어요. 하지만 지금 때가 아니라고 생각하고 용기가 없어 나서지 못하고 있네요."

그것을 잘 기억해 두었다가 조용하고 분위기 좋은 곳에서 이렇게 말하면 된다.

오빠는 겉은 강해도 속은 여린 것 같아. 그래서 대인관계뿐만 아니라 사랑에서도 사소하게 상처를 받는 일이 알게 모르게 많아서 누가 진짜 내 사람인지 모를 때도 있는 것 같아.

그래? 잘 모르겠는데…….

옆에 있는 사람이 오빠를 진심으로 위하고 있지만, 오히려 오빠는 그것을 못 느끼고 있어요. 그 사람은 항상 오빠에게 연락하고 때로는 멀어지다가 때로는 가까이하는 사람일 거예요. 전혀 생각지도 못하는 사람이에요. 밤마다 통화를 한다든지, 많은 얘기를 사심 없이 나눈다든지. ^^

자신의 상황을 간접적으로 암시하듯 얘기한다. 알게 모르게 자신을 좋아해 주고 배려해 주는 사람이 당신이라는 것을 어느 정도 생각해 보면 알 수 있도록 적절하게 이야기하면 된다.

여섯.

내 남자로

만드는

이미지 기법

한참 대화에 빠져 있는 상태에
이미지 체인 기법을 이용해
자연스럽게 주입해보자

썸남의 이상형을
나로 만들기 1

'이미지 체인지 기법'이라는 것이 있다.

이 기술의 원리는 어떤 것을 보았을 때 자연스럽게 생각나는 이미지를 대신해 인위적으로 내가 원하는 다른 이미지가 생각나도록 바꾸어 설정하는 것이다. 그래서 상대방이 그것을 볼 때마다 내가 설정한 이미지가 생각나도록 하는 것이다.

보통은 보디랭귀지와 사물을 이용해 무의식중에 내가 원하는 이미지를 떠올리게 한다. 최면기법에 있는 앵커링에서 영감을 얻게 되었는데, 앵커링에 대해서는 앞에서도 말했으니 이번에는 '앵커링 효과'에 대해 간략하게 알아보기로 하자.

앵커링 효과Anchoring Effect

'닻 내림 효과'라고도 하며, 닻을 내린 배가 크게 움직이지 않듯 가장 처음 접한 정보가 기준점 혹은 닻이 되어 판단에 영향을 미치는 일종의 왜곡현상을 말한다. 즉, 사람들이 어떤 판단을 내릴 때 초기에 접한 정보에 집착하여 합리적 판단을 내리지 못하는 현상을 일컫는다. 명품업체가 매장에 최고가의 물품을 가격표를 보이게 진열하는 것을 예로 들 수 있다. 이는 이 최고가의 물품을 반드시 팔겠다는 목적이 아니라, 최고가보다 상대적으로 저렴해 보이는 500만 원짜리 가방도 그다지 비싸지 않다고 착각하게 하기 위한 앵커링 효과를 염두에 둔 것이다.

'이미지 체인지 기법'은 인위적으로 내가 원하는 모습과 이미지를 상대에게 심어 주는 효과를 발휘한다. 한참 대화에 빠져 있는 상태에서 효과가 가장 좋기 때문에 이때 이 기법을 이용해 자연스럽게 주입하면 된다.

여자가 어떤 말을 하거나 단어를 사용할 때 특정한 보디랭귀지를 한다면, 그 말과 동작이 연결되어 인식되기 때문에 그 동작을 할 때마다 남자는 그 단어 또는 그 상황을 생각할 것이다. 특히 요즘 대부분이 많이 사용하는 휴대폰을 이용한다면, 그가 그 휴대폰을 볼 때마다 그 단어 또는 그 상황을 생각하게 할 수 있다.

이것을 대화법에서 한번 활용해 보자.

[효과] 남자는 무의식에 당신을 자신의 이상형과 멋진 여자라는 생각을 하게 된다.

△

손을 이용하는 방법

평소 그와의 대화 시 보디랭귀지를 생활화해야 한다. 오른손으로, 그가 생각하는 이상형이나 매력적인 여성상 또는 그가 원하는 사랑에 관해 물어본다. 그리고 그것에 관해 10분~20분 정도 얘기한다.

오른손을 사용하여 계속해서 물어보거나 권하는 식의 보디랭귀지를 하면서 얘기의 흐름을 계속 이어 간다. 최대한 긍정적으로 잘 들어 주고 즐겁게 얘기할수록 좋고, 분위기에 맞춰 주는 것도 좋다.

그리고 왼손으로, 그의 싫어하는 여성상이나 과거 연락했던 나쁜 사람들에 관해 얘기를 한다.

이런 부정적인 얘기는 길게 할 필요가 없는데, 오래 하면 옛 감성에 젖어 분위기가 죽거나 진행이 힘들어지므로 3분 정도만 잠깐 얘기하는 것이 좋다.

다시 오른손으로, 나의 얘기를 한다. "나는 사랑이란 이런 것이라고 생각한다. 나는 남자 친구를 사귈 때 '이렇게' 사랑을 나누었고,

앞으로 생길 남자 친구는 더 '이렇게' 사랑해 줄 것이다."라고 말한다.

　여기서 말한 '이렇게'는 '그의 이상형' 혹은 '그가 원하는 사랑'이다. 그 남자가 썼던 같은 표현은 금지이고 다른 표현과 단어를 사용하여 비슷한 내용을 전개해야 한다.

　상황을 종합해서 말하면, 대화 도중 자연스럽게 오른손으로 보디랭귀지를 하면서 그의 이상형에 관해 물어보고 얘기한다. 그리고 자연스럽게 오른손을 내리고 왼손을 들면서 그의 싫어하는 여자 스타일을 얘기하고, 대화가 끝나면 또다시 오른손을 들고 나에 관해 얘기할 때 그의 이상형에 자연스럽게 부합시켜 얘기한다.

순간 분위기가 최고조에 달했을 때
이미지기법을 잘 사용하여
강력한 효과를 발휘해보자

썸남의 이상형을
나로 만들기 2

또 다른 방법은 남자의 이상형과 나를 매칭시키는 방법인데, 제대로 느낌을 살리지 못하거나 분위기를 장악하지 못한 상황에서 어설프게 사용하면 오히려 웃긴 상황이 될 수 있기 때문에 조심해야 한다.

하지만 조금만 숙련된 사람이거나 서로 호감이 있는 사이에서는 아주 좋은 효과를 볼 것이다. 이는 내가 아직도 즐겨 사용하는 '무의식에 새겨 넣는 기술'이다. 응용해 사용할 수는 있지만, 같은 소재나 방식으로 반복해서 사용해서는 안 될 것이다.

남자의 이상형과 좋아하는 여성상에 대해 이야기를 나눈 후,

> 너 잠깐 두 눈을 감아 봐~ 그리고 그 이상형에 대해 상상해 봐!

ㄴ 구체적으로 물어본다.

> (블라블라~)

> 앞으로 그런 사람은 사실 다시 만나기 힘들 거예요. 하지만 운이 좋은 거예요. 이제 그 사람을 만날 기회가 다시 한 번 찾아왔어. 대신 당신의 머릿속에 있는 그 사람의 얼굴만 잠깐 지워 봐요~ 지웠어요?

> 응.

> 그러면 이제 그 사람이 다시 나타날 거예요. 눈 떠 봐요!

그럼 그의 눈앞에 내가 있다. 남자의 반응은 필요 없다. 이것에 응하는 순간, 이미 눈을 떴을 때 그 스토리의 마지막에 당신이 있다는 사실이 아주 중요하다. 그가 어떤 반응을 보이든 신경 쓰지 마라! 이미 그걸로 효과는 된 것이다.

물론 앞에서 말한 전제조건인 어느 정도의 신뢰와 분위기 조성은 개인의 역량이다. 이미지기법을 잘 사용하는 것은 그 순간 상당한 효과를 나타낸다. 그래서 순간 분위기가 최고조에 달했을 때, 더욱 강력한 효과를 발휘한다. 서로 호감이 있는 사이에서 관계가 진전될 때 이 방법을 이용해 무의식으로 각인하여 빠른 관계 진전을 유도할 수 있을 것이다.

사물을 이용하여 경쟁자를
부정적인 이미지로 만들어보자

여자 친구 있는
훈남 공략법

이미지 체인지 기법에서 보디랭귀지가 아닌 사물을 이용하는 방법이 있다. 물론 위에서 언급한 이상형이나 좋은 이미지를 만드는 데 활용할 수도 있겠지만, 이번에는 반대로 부정적인 이미지로 한번 사용하는 방법을 알아보도록 하겠다.

보통 좋아하는 남자에게 다른 경쟁자가 나타나거나 혹은 그 남자에게 여자 친구가 있는 상황이 발생할 경우도 있을 것이다. 그럴 때는 경쟁자 또는 여자 친구를 절대 직접적으로 비방해서는 안 된다. 그러면 그는 당신이 그 여자 친구를 비방한 만큼 당신을 안 좋아할 것이기 때문이다.

그것보다는 무의식 중에 경쟁자를 안 좋은 이미지와 겹치게 하는 것이 효과가 있다. 직·간접적으로 비방하지 않고 이 방법을 사용하면 매우 효과적일 것이다.

여자 친구(경쟁자)를 안 좋은 이미지로 만들기

휴대폰을 이용하는 방법이 있다. 휴대폰을 경쟁자에 비유해서 이야기한다. 무의식중에 그에게 휴대폰을 그 여자(경쟁자 또는 여자 친구)로 비유하게 해서 말을 하게 하여 최대한 그 휴대폰과 경쟁자를 자연스럽게 동일시하도록 한다.

이야기를 어느 정도 하게 되면 '휴대폰 = 다른 경쟁자(여자 친구)'로 의인화되거나 상징화될 것이다.

그리고 자연스럽게 다른 소재의 이야기를 한 뒤, 다시 이번에는 내가 대화의 주체가 되어 요즘 뉴스나 사건에 나오는 이상한 사람이나 나쁜 사람의 이야기를 꺼내면서 그 휴대폰에 대해 동일한 방법으로 의인화 또는 상징화를 한다.

아무렇지도 않게 이야기하는 도중에,

> 그 이상한 사람(나쁜 사람)이 말이야. 예를 들어서, 아~ 이 핸드폰을 그 사람이라고 가정해 봐."

하면서 안 좋은 사건·사고나 일화를 소개하며 얘기를 진행하면 되는 것이다. 그의 표정이나 느낌이 적당히 안 좋아질 때쯤 화제를 전환해 다른 얘기를 하면 된다.

그러면 시간이 지나면서 그 경쟁자에 대한 이미지가 안 좋아질 것이고, 운이 더 좋으면 선입견을 품게 될 수도 있다.

휴대폰을 보면서 내 생각하게 만들기

휴대폰을 이용해 그의 이상형 또는 좋아하는 여자의 상을 비유하여 말하게 한다. 그리고 '휴대폰 = 이상형' 또는 '매력적인 여자'로 의인화나 상징화시킨다.

그다음 잠깐 다른 이야기를 나눈 후 자연스럽게 "근데 나는~"이라고 하면서 남자의 휴대폰을 들고, '나 자신 = 휴대폰'으로 의인화 또는 상징화를 통해 비유하며 그 휴대폰에 똑같이 요즘 내가 생각하는 사랑에 관해 얘기한다. 그리고 휴대폰을 남자에게 준다.

일곱.

비언어적

매력의

기술

남자 친구

사귀는 방법

의도된 의사 전달 시
    목소리와 행동을 강조하여
남자의 감성을 자극해보자

의도한 상황으로
유도하는 법

의도한 상황으로 유도하는 기법의 하나를 '아날로그 마킹Analogue marking'이라고 하는데, 워낙 범위가 광범위하고 세분화되어 있어 모든 것을 다 언급할 수는 없다. 따라서 여기서는 바로 남성과의 대화 시나 데이트 때 사용할 수 있는 기법만 다루어 보도록 하겠다.

당신이 의도한 의사 전달 시 목소리에 변화를 주거나 보디랭귀지를 이용하여 특정 단어를 강조함으로써 남자에게 감성적 자극을 주는 것이다.

목적이 되는 특정 단어의 문장을 어떤 방식으로 강조하느냐 하는 것이 핵심이다. 일반적으로 이야기할 때는 보통 목소리로 얘기하다가, 내가 원하는 상황과 목적의 단어에 자연스레 힘을 주어 강조하듯이 이야기하는 것이다. 예를 들어, 아래와 같이 얘기한다고 가정해보자.

"사랑에 대한 감정을 한번 떠올려 봐. 일반적인 사랑은 기대감, 편안함, 포근함, 따뜻함을 느끼는 반면에 앞으로의 사랑은 설레고… 두근거리고… 미소가 지어지고… 행복과 기쁨….″

앞의 '일반적인 사랑'에 대해 얘기할 때, 즉 "사랑에 대한 감정을 한번 떠올려 봐. 일반적인 사랑은 기대감, 편안함, 포근함, 따뜻함을 느끼는 반면에″ 부분을 얘기할 때는 보통 속도로 말한다.

앞의 '일반적인 사랑'에 대해 얘기할 때, 즉 "사랑에 대한 감정을 한번 떠올려 봐. 일반적인 사랑은 기대감, 편안함, 포근함, 따뜻함을 느끼는 반면에″ 부분을 얘기할 때는 보통 속도로 말한다.
그리고 두 번째인 '앞으로의 사랑'을 얘기할 때, 즉 "앞으로의 사랑은 설레고… 두근거리고… 미소가 지어지고… 행복과 기쁨….″ 부분은 목소리를 차분하고 느리게 하는 것이다.
그러면 두 번째 이야기하는 것에 사람은 더 집중하게 된다. 앞에 얘기했던 일반적인 사랑보다는 앞으로의 사랑에 관해 이야기할 때 더 차분히 더 천천히 이야기하니, 더욱 집중되고 각인되는 것이다.

실제 아날로그 마킹에 대한 예시를 살펴보도록 하자.

> 오늘 원래 양력으로 봄인데 날씨가 변덕이 심해서 그런지 바람 불고 왠지 조금 춥잖아. 이럴 때는 서로 같이 붙어 다녀야 해. 여기 사람들 봐봐, 다들 서로 나란히 남녀 커플들끼리 잘 붙어 다니잖아. 그리고 이렇게 같이 붙어 다니는 게 사람들 많은 번화가에서는 특히나 더 즐겁고 따뜻할 것 같아.

> 너도 그런 거 같지? 나도 번화가에서 커플이 다니는 것을 보면 왠지 부럽고 따뜻하게 느껴져.

> 내가 추위를 잘 타서 같이 붙어 다니면 서로 체온도 나눌 수 있어서 좋잖아. 번화가에는 차도가 많잖아. 내가 안쪽으로 들어와서 오빠 옆에 이렇게(팔짱 끼는 자세) 있으면 안전하고 좋을 거야.

원래 하고자 했던 목적 단어(밑줄 친 부분)를 설정하고, 그것에 강한 어조를 준다. 그냥 대화를 듣는 것 같지만, 사실상은 듣는 사람의 무의식에 계속 강조되므로 나중에는 당연하고 정당성 있는 이유로 들리게 되고, 결국 그것을 수락하게 되어 있다.

또한 강조하고자 하는 말과 단어에 보디랭귀지와 아이컨택을 적절히 첨부 하면서 제스처나 리액션을 조금 더 크게 하는 것이 효과적이다. 물론 전화 통화에서도 해당하며 다방면으로 활용할 수 있다.

이처럼 의도적으로 사용할 때, 정당성을 더욱더 부여하고 합리적인 이유로 만들 수 있다.

내가 의도하는 말에 힘이 실리기 때문에 사귈 때나 스킨십에도 응용하면 성공률을 더욱 높일 수 있을 것이다.

내가 원하는 단어에
아날로그 마킹의 기법으로
강조하며 얘기하자

잠입명령,
무의식에 새겨 넣다

앞에서 언급한 내용들은 잠입명령의 일종이기도 한데, 이것은 의식과 무의식에 말을 거는 것과 같다.

처음에는 왜 붙어서 걸어야 하는지 그 이유를 모른 채 얘기를 듣기만 할 것이다. 의도성을 숨기고 얘기한다는 것은 매우 좋은 방법이다. 처음부터 의도를 알아차리게 되면, 대부분은 현재의 감정 상태를 기반으로 미리 결론을 내리게 되기 때문이다.

그래서 의도성을 숨긴 채 "날씨가 춥고 사람들이 많으니 우리가 붙어 다녀야 한다."고 말하는 것이다.

내가 원하는 단어에 아날로그 마킹의 기법으로 강조하며 얘기한다면, 상대 남성은 이미 붙어 다녀야 한다는 것에 대한 거부감이 조금씩 사라지고 당연시 받아들일 것이다.

그리고 제일 마지막에 여유 있고 상큼한 미소로 팔짱의 자세를 취하면, 웃음과 함께 자연스럽게 응하는 원리이다. 원래 이 방법은 수동적인 여성들을 위해 최면기법과 심리학 기법에서 발췌해서 만들어 낸 공식이다.

수동적인 남자나 남자친구의 행동에 답답해하는 여성들의 상담을 많이 받게 되었고, 처음에는 의아했다. 왜냐하면, 대부분은 남자들이 적극적으로 시도하기 때문인데, 아마도 정말 좋아해서 신중하거나 조심스러운 남자들이 뜻밖에 많기 때문일 것이다.

이것을 역으로 생각해 썸을 타거나 사귄 후에도 더 진도를 나갈 수 있게 여성이 리드하게 할 수는 없을까 생각하게 되었고, 여성용으로 바꾸어 보았다.

'거절당하면 어떡하지? 우리 아직 사귀는 사이도 아닌데…….' 또는 '사귀고는 있지만 어떻게 하면 더 가까워질 수 있을까?'라고 고민하는 남자 친구를 여성이 자연스럽게 리드한다면 남자는 용기를 얻어 그다음부터는 자신이 적극적으로 리드하게 될 것이다.

즉, 한 번의 물꼬만 터 준다면 그다음은 남자가 거의 알아서 리드하게 될 것이다.

그가 보는 앞에서 굉장히 기쁨에 찬
모습과 행복해하고
고마워하는 모습을 보이도록 하자

선물 이끌어 내기
- 자격부여

여자들은 대부분 선물을 받고 싶어 할 것이다. 하지만 인터넷에 떠도는 글이나 남자들의 잘못된 상식 중 하나가 여자는 돈을 밝히고 명품 선물을 바란다는 이야기가 아닐까 싶다. 실제로 여자들이 그러한 것이 아니다.

물론 그런 여자도 있을 수도 있겠지만, 대부분의 여자들은 남자가 나에게 선물을 해 주었다는 그 자체, 즉 나를 위해 무엇인가를 고민하고 선택했다는 그 정성을 받고 싶어 한다.

그러나 남자에게 선물을 받고 싶다고 해서 무작정 "오빠 이거 사줘!"라고 한다면, 남자들의 반응은 제각각일 것이다. 물론 만나는 남자가 경제적 여유가 있거나, 많은 것을 공유하고 베풀어 줄 만큼 당신을 사랑해 준다면 문제는 없을 지도 모른다.

만나는 남자의 성향이나 경제적 여유가 있어서 또는 다른 여자가 없거나 당신밖에 없어서 많은 것을 공유하고 베풀어줄 만큼 나를 사랑해 준다면 문제는 없을 것이다.

근데 만약 그 남자와 헤어지고 난 후에는 어떻게 할 것인가? 그런 남자만 또 찾아 나서거나 올 때까지 기다릴 것인가? 그러기에는 우리의 젊음이 짧고, 리스크가 너무 크다.

어느 남자를 만나건 좋은 남자가 될 수 있게 만들어내는 것도 좋은 방법인데 그렇기 위해서는 비언어적 방법이 필요하다.

그것은 바로 '에스컬레이터 기법'을 이용하는 것이다. 작은 것에서부터 조금씩 시작해 점점 계단을 올라가듯 큰 것을 이끌어 내는 방식이다.

먼저 데이트를 즐기다 보면 우연히 상대방로부터 무엇인가를 받을 것이다. 그것이 최초 선물이 아니라, 작은 물건이 될 수도 있을 것이다.

그러면 그 남자가 보는 앞에서 굉장히 기쁨에 찬 모습과 행복해하고 고마워하는 모습을 보여라. 그리고 그것을 소중히 간직하는 모습을 보여 준다면, 선수이건 모태솔로이건 대부분 남자들은 기뻐하고 행복해한다. 그리고 내가 준 그 무엇인가를 소중히 여기고 간직하려고 하는 당신의 모습을 보고 더 많은 것을 해 주고 싶어 할 것이다.

'아 이 여자는 내가 해 준 그 무엇인가를 아주 소중히 여기고 간직하는구나! 그렇다면 다음에 더 큰 것을 해 준다면 나의 수고로움을 더 잘 알아주고 더 고마워할 것이리라.'

이러한 판단으로 더 많은 선물을 주게 된다.

인간의 본성은 수익이 나온 곳에 지속적으로 투자하고 관리하려고 하지, 수익이 없는 곳에 계속적으로 투자를 하지 않기 때문이다.

'멀티 임플리케이션'으로
그의 숨은 의도를 알아내보자

진실한 데이트 만남
'장기전 연애'

진정성 있는 진실한 만남을 위해 요구되는 기술이 바로 '멀티플 임플리케이션Multiple Implication'이다.

멀티플 임플리케이션은 상대방이 무슨 생각을 하는지, 숨은 의도가 무엇인지를 알아내는 데도 중요하게 쓰일뿐더러 상대방이 하고 싶은 말이나 고민을 얘기할 때, 나에게서 편안함과 친밀감을 느끼게끔 하는 데 많은 도움이 된다. 누구나 사이좋게 남자 친구랑 친해지기를 원할 것이다.

그럼 멀티플 임플리케이션의 원리는 무엇일까?

기본원리는 "너를 알고 있고 이해하고 있다는 것"에서 출발한다.

이미 내가 너를 이해하고 공감하고 있으니, 나에게 무슨 말을 해도 안전하고 좋다는 분위기를 조성하는 것이다.

이 안정감은 유혹의 단계에서 인간적으로 친하게 지내고 싶다는 측면으로 접근하는 것과 같다고 볼 수 있다.

대부분의 남자들은 여자에게 무엇인가를 해 주고 여자들의 기대에 부응해야 하고 책임감을 가져야 한다는 생각을 가지고 있다.

그러나 당신만은 오히려 그 짐을 벗어 던지고 이해해 주고 감싸 줄 수 있는 여자가 된다면, 정말 따뜻함을 느끼지 않을까?

상대방이 원하든 원하지 않든 일반 남자는 일방적으로 무엇인가를 꼭 여성에게 해 주어야 하고 리드해야 한다는 무거운 책임감을 가질 것이고, 당신에게도 예외가 아니라고 생각할 것이다.

그러나 이 여자는 '나의 인간적인 모습을 봐주고 내적인 고민까지 공감을 하고 알아준다.'라고 생각할 때, 편안한 이성적 매력을 느끼게 되어 있다.

멀티플 임플리케이션은 연애의 기술자인 나 역시 여자에게 느끼게 하는 기술이다.

늘 수강생들이 지켜보는 가운데 반드시 유혹에 성공해야 한다는 부담감에서 남들이 보았을 때 예쁘기만 한 여자들(내 스타일이 아닌 여자)을 많이 상대하지만, 간혹 조금 덜 예쁘지만, 굉장히 나를 편안하게 해 주는 여자가 있다.

어떤 면에서는 썸보다는 더 발전된 연인의 바로 전단계인 '특별한 사이'라는 개념이라고도 말할 수 있다. 나는 그녀와 일반적인 썸의 단계를 넘어서 앞으로 회사를 계속 다닐 것인지, 선거에서 누구를 찍을 것인지, 외계인은 정말 있을까와 같은 얘기 등을 나누면서 정말 편안함을 느낀다.

그녀는 나에게 의도적으로 멀티플 임플리케이션을 쓰지 않지만, 내가 보았을 때 그녀의 가장 강력한 무기가 바로 이 멀티플 임플리케이션 기법이라는 것을 알게 되었다.

그녀는 남자들이 자신과 얘기하면 무척 편안하고 그녀가 이해심이 많은 여자라는 이야기를 많이 했다고 한다.

이런 여자들의 대부분은 남자를 한번 사귀면 오래 사귀는 경향이 있는데, 그것은 남자가 그녀에게서 계속 편안함과 이해를 받고 싶어서 관계를 지속하고 싶어 했기 때문이다. 즉, 남자도 의도하지 않았더라도 멀티플 임플리케이션을 잘하는 여자에게 빠진다는 것이다.

그래서 내가 좋아하는 그 남자를 더욱더 내 남자로 오래 두고 싶다면, 이 멀티플 임플리케이션을 사용하라. 그 남자는 나에게 더 편안함과 안정을 찾고, 나에게 더 의지하게 될 것이다.

남자가 고민이나 걱정이 있는 듯한 상황 - 직장 얘기를 자주할 때

갑자기 직장 얘기를 자주 한다는 것은 할 말이 없어서가 아니라, 직장에 무엇인가 문제가 발생했다는 것이다.

세상에 공짜는 없는 것 같아~ 먹고사는 게 보통일은 아니잖아.

ㄴ 고민에 대한 대화 유도

응, 그런 것 같아.

(다 알고 이해하고 있다는 듯한 표정) 그치? 요즘 보니깐 네가 직장에 너무 집중하는 것 같아.

ㄴ 간접적으로 말을 건네면서 유도

그냥 뭐 그렇지.

왜~ 오빠는 정말 열심히 잘하고 있잖아.

그치? 요즘에 팀장 때문에~ (중략) 그래서 나를 안 좋게 보는 거야~

(다 알고 이해하고 있다는 느낌으로) 그래? 분명 일부러 그러는 건 아니었을 거니깐~

그러니깐 내 말이…… (블라블라)

참 말이라는 게 사람을 죽이고 살리는 거 같아.

(블라블라)

난 그런 의도가 전혀 없다는 게 느껴지는데?

(블라블라)

(다 알고 이해하고 있다는 느낌으로) 원래 직장이라는 곳이 그래~

당신은 그의 말에 어떤 해결책을 내거나 이렇게 저렇게 결론을 내려줄 필요는 없다. 말하는 그에게 상황에 따라 구체적 해결책이 아닌, 그의 입장 하나하나를 전적으로 이해하고 같이 응원해 주고 싶다는 느낌만 주면 되는 것이다. 경험으로 미루어 보았을 때에도 그렇게 했을 때, 나도 가장 좋았으며 상대방도 가장 좋아했다.

당신은 그와 사업 파트너가 아니므로 절대 싫은 소리나 충고를 할 필요가 없다.

간혹 진실을 말해 주겠다고 의협심에 불타 설교하듯이 말하는 사람들이 있다. 그 순간은 어떻게 잘될지 몰라도, 남녀 모두 뒤돌아서 시간이 지나면 결국 설교나 싫은 소리를 한 당신보다는 공감해 주고 이해해 주고 달콤한 말을 해 준 다른 사람에게 더 호감을 느끼고, 더 연락하기 편하다고 생각할 것이다.

여덟.

썸에서
썸으로
남자 심리

남자가 지속적으로 나에게 호감을 느끼고
감정을 끌어올릴 수 있게끔
스타일이나 이미지에 신경 쓰도록 하자

오래 만난 지인
선후배를 연인으로

오랜 친구나 좋은 선후배로 만나다 보면 정도 많이 들게 되고 서로
에 대해 점점 호감이 생기거나 좋아지는 경우가 있다. 때로는 인기가
많은 여성들의 경우 그녀와 원나잇이라도 한번 해 보고 싶은 마음에
계속 지인으로 주변을 서성이는 경우도 아주 많이 있다.

그러나 그것이 아니라 단지 일적으로나 학교나 단체 모임 등을
통해 계속적으로 만나는 남성일 경우, 점점 그 사람의 인격을 알아
가게 될 뿐만 아니라 같은 일을 공유하면서 정이 들어가는 것은 확
실하다.

문제는 대부분의 여성들은 호기심과 연민 그리고 사랑을 매우

혼동한다는 것이다. 잘못된 하룻밤으로 연인이 될 수도 있고 아니면 영영 멀어질 수도 있다.

나는 많은 여성들이 그 남자를 좋아해 주도적으로 잠자리까지 이끌어 내는 경우를 종종 보았다. 그러나 그 결과가 모두 사랑으로 발전하지는 않았다. 정말 잠깐의 썸으로 끝나는 경우도 많았다는 것이다.

만일 그것을 역으로 이용해 잠깐이라도 썸을 타고 싶다면, 그 남자를 유혹하는 것도 좋은 방법이라고 할 수 있을 것이다.

그러나 장기간의 연애를 이어 가고 싶다면 갑자기 감정을 이끌어 내어 그 남자와 깊은 진도를 나가는 것은 조금 나쁠 수도 있다.

남자를 진심으로 좋아하고 그와 오래 만나고 싶다면, 먼저 그 남자가 지속적으로 나에게 호감을 느끼고 좋은 감정을 끌어올릴 수 있게끔 만날 때마다 스타일이나 이미지에 신경을 쓰는 것이 좋다.

어느 날 짧은 원피스를 입어서 다리의 선을 강조한다든지 대화나 유머 중간중간에 가볍게 터치를 유도해 호감을 먼저 이끌어 낸 다음, 몇 번의 데이트를 거치고 난 후 깊은 사이에 이른다면 연인으로 이어질 확률이 더 높다.

그 남성의 진짜 감정이 무엇인지도 모른 채 술을 먹다가 갑자기

깊은 사이를 이끌어 낸다면, 준비되지 않는 갑작스러운 결과에 남자
는 숨어 버리거나 도망칠 수도 있기 때문이다.

차갑게 돌아서는 행동으로
　　남자에게 긴장감을 주자

썸 타는 오빠가
섹스 후 연락이

썸을 타고 있는 오빠와 점점 서로에게 이끌려서 그와 하룻밤을 보냈다. 그렇다고 해서 그 남자가 내 남자가 되었다고 생각하는 것은 오산이다. 물론 책임감이 강하고 순진한 남자라면, 더 애착을 가질 수도 있을 것이다.

남자에게 연애의 기술을 가르칠 때도 가장 중요한 것은 하룻밤을 지내고 난 후의 대응법이라고 가르쳤듯이, 여성도 이에 못지않게 하룻밤을 보내고 난 후 대응하는 전략에 따라서 남자의 반응이 달라진다.

일단 하룻밤을 보내고 난 후 너무 길게 롱런으로 같이 있는 것은 좋지 않다.

웬만하면 잠자리를 한 직후 바로 집에 가는 쪽으로 한다. 자고 그 다음 날 가는 것은 신비감을 잃고 지겨움을 한 번에 안겨 줄 수도 있기 때문이다.

집에 간 후부터는 그 남자에게 연락을 하지 말라.

남자에게서 먼저 연락이 올 때까지 기다려라. 여자가 먼저 연락하는 것은 좋지 않다. 하룻밤을 보낸 후에도 '나는 이제 네 꺼야'라는 태도와 호감 반응은 남자로 하여금 당신을 잡은 물고기로 착각하게 만들어, 당신에게 더 이상 신경을 쓰지 않거나 더 나아가서는 방생하는 결과를 낳을 수도 있다.

내가 원할 때 언제든지 불러서 섹스를 할 수 있는 여성이란, 어떻게 보면 남자 입장에서는 점점 매력이 떨어지기 때문이다.

섹스를 한 후 오히려 고자세를 취하고 두 번째 섹스는 더 안달 나게 하면서 남자에게 인내심과 기다리게 하는 것도 좋은 방법이다.

처음 섹스를 한 후 연인으로서 데이트하는 데 집중하고, 다음 섹스는 최소 3주나 한 달 뒤에 하는 것이 좋다.

만약 하룻밤을 보낸 후 남자의 연락이 뜸하다면, 매우 차갑게 돌아서는 태도를 보이는 것이 오히려 남자가 당신에게 정신 차리게 하고 더욱더 긴장감을 주는 효과를 보일 것이다. 사실 그 연락이 늦게 오는 시간만큼 당신을 덜 좋아하는 것이라고 측정할 수 있다.

적극적인 태도를 보이는지
확인하라

나를 좋아하는지
모르겠어요

자꾸 고개를 돌려 나를 쳐다보거나 곁눈질을 한다.

도움이 필요 없는 데 도와준다.

쓸데없이 말을 자주 건다.

연락을 칼같이 한다.

번외적으로 자주 실수를 하고 긴장을 한다.

아무리 선수라 할지라도 남자는 진심으로 마음에 들거나 좋아하는 여자 앞에서는 자기 실력의 반도 발휘하지 못한다. 긴장하고 굉장히 사대적인 자세를 가진다. 그런데 아이러니하게도 이런 태도는 여성에게 매력 어필이 안 된다.

실제로 별로 좋아하지 않거나 여자 친구가 있거나 이미 진한 썸이 있는 여자가 있는데 짧은 만남 또는 별로 좋아하지 않는 여자에게는 100%를 넘어 200%의 실력을 발휘하는 남자도 있다.

자기 실력의 반도 발휘하지 못하고 긴장한 남자에게 여성이 취해야 할 태도는 편안한 분위기와 신뢰를 주는 태도이다.

남자가 무엇인가를 제안했을 때, "좋아요. 나도 그렇게 생각해요. 같이 ○○ 했으면 좋겠어요."라고 동의해 주고 관대한 태도를 보이는 것이다.

즉, 작은 말에도 웃어 주고 남자가 베풀어 주는 작은 호의에도 감사해 함으로써 남자의 자신감을 높여 주는 것이다. 또 오히려 여성이 먼저 호의를 베풀어 주는 것도 좋다.

예를 들어, "이거 오빠 주려고 가지고 왔어요." 하고 초콜릿을 같이 먹는다든지 굳이 큰 것이 아니더라도 작은 것이라도 먼저 선물을 주는 것이 좋다.

그렇게 행동하고 적극적인 태도를 보인다면, 남자는 확신을 하고 자신감을 가지고 더 적극적으로 여성을 리드할 것이다.

'뭐야? 왜 이렇게 찌질해?'라고 생각할 수 있지만 근본적으로 남자는 진정 좋아하는 여자 앞에서 작아지는 것이 사실이기 때문에, 남자에 대해서 조금은 생각하고 이해해 주는 것도 좋다.

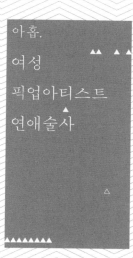

아홉.

여성

픽업아티스트

연애술사

남자에게도 용기 내어 먼저 다가설
시간을 주도록 하자

썸남이 다가오게 하는
'낚시기법'

만약 남자에게 직접 가서 "저 그쪽 좋아하는데요."라고 한다면 남자는 어떤 반응을 보일까?

여자들이 가장 싫어하는 것이 내 스타일도 아닌 남자가 혼자 착각하고 스토커처럼 졸졸 따라다니면서 마음을 키우다 고백하고 혼자 좌절하는 것이다.

내 스타일도 아닌 남자의 이런 진지하고 집요한 고백을 받게 되었을 때 상당히 당황하고 싫어지듯이 남자 역시도 마찬가지이다.

당신 혼자 끙끙 앓다가 마음이 점점 커져서 "선배, 저 선배 좋아해요."라고 한다면, 남자의 반응은 상상과 다르다.

보통 예쁜 여성들은 남자들의 많은 접근과 고백을 받게 된다. 그로 인해 이런 상황에 대한 대처능력이 굉장히 뛰어나며, 나중에는 당황하지 않고 고르기까지 한다.

그러나 남자의 입장에서는 꽃미남도 아닌데 갑자기 여성의 고백을 받게 된다면, 거의 패닉상태에 빠지게 된다. 긍정적이고 좋은 쪽으로 패닉에 빠지는 것이 아니라, 인생을 살면서 한 번도 경험한 적이 없으므로 그것을 판단하고 처리하는 데 매우 오랜 시간이 걸린다는 것이다.

즉, 그 남자에게 고백하고 난 후 단번에 사귀게 되는 것이 아니라 남자가 당신의 진심을 알아주기까지 상당한 시간이 소요되고, 당신은 어쩌면 헌신적이거나 굴욕적인 관계를 계속하게 될지도 모른다.

남자들은 좋아하는 여성에게 적극적으로 먼저 다가가서 사이를 유지하는 데 많이 익숙해져 있다. 그러나 이에 반해 여자가 남자에게 접근하는 것은 사실상 드문 일이다.

또한 남자에게 한번 무시당하면 만만한 여자가 되거나 쉬운 여자가 되기 때문에, 당신이 좋은 사람이라 할지라도 그 남자가 당신의 가치를 온전히 알고 귀중하게 생각하게 될 가능성도 매우 낮다.

남자의 속성자체가 태생적으로 사냥을 하고 사는 생물이기 때문에 잡은 물고기 자체에는 그렇게 크게 관심을 가지지 않는다. 진화심리학에 근거해 보아도 여자는 목장에 있는 가축을 관리하지만, 남자는 야생으로 나가 더 많은 가축을 잡아오는 것이 본성이기 때문이다.

그래서 가장 좋은 방법이자 실패해도 부담이 없는 것은 눈으로 말하는 것이다.

남자에게 직접 말하는 것이 아니라, 느낌과 눈으로 말하는 것이다. 그가 나를 본다면 부드러운 미소로 아이컨택을 해 주는 것이다. 그리고 눈빛으로 말하라.

'나에게 와서 말을 걸어!'

그 남자는 처음에는 낯설어 할 수도 있겠지만, 점점 당신의 신호나 감정을 알아채고 익숙하게 다가설 것이다.

여자에게도 사랑할 준비가 필요하듯 남자에게도 용기 내어 먼저 다가설 준비가 필요하다.

그가 이야기를 할 때,
　　　적극적으로 다가가 이야기를 듣거나
동참하고 긍정적으로 반응해보자

애인으로 착각하는 남자
- 희망고문, 어장관리

직접적으로 고백을 하는 엄청난 용기와 리스크를 감당하지 않고 그 남자가 나에게 먼저 다가서게 할 수 있는 방법은 없을까?

이때 바로 '보디랭귀지 비언어적 매력'을 이용할 수 있는데, 이것은 남자에게 이성적 어필을 함으로써 매력을 느끼게 하는 방법이다.

좋아하는 남자가 이야기를 할 때 적극적으로 가까이에 다가가서 이야기를 듣거나 동참하고 긍정적으로 반응한다.

또한 그 남자랑 같이 핸드폰 사진이나 영상 등 무엇인가를 같이 보게 되었을 때 그의 팔에 슬쩍 나의 가슴을 스치게 하여 성적긴장 감을 높이는 것도 좋은 방법이다. 더 적극적으로는 은근슬쩍 그의 팔에 가슴이 살짝 접촉하게 한 상태에서 그대로 의식하지 않고 같이 이야기를 하는 것이다.

그러면 남자는 점점 당신의 성적매력을 느끼게 되는데, 정말 순진하거나 정말 싫어하지 않는 이상 거부반응은 거의 없을 것이다.

이후 이야기가 끝나며 자세를 바꾼 후에, 그 자세를 더 유지하고 싶었는데 아쉽다는 느낌을 슬쩍 전달한다면 남자는 더 크게 반응할 것이다.

갑자기 끼를 부린다면 놀라거나 친한 사이라면 장난스러운 반응이 나올 수도 있으니, 분위기나 상황에 따라 적당히 그리고 천천히 하는 것이 좋다.

▲
△
남자에게 희망을 주기

남자가 제대로 리드하지 못해서 답답해하는 여성들이 많이 있을 것이다. 조금 멋지고 재미있고 편안하면 다 선수이고, 평범한 남자들은 다 재미가 없고 왠지 짜증 날 수도 있다.

나 역시 수많은 여성을 만나 보았으나 지금에 와서 생각해 보면, 옛날에는 정말 여자에 대해 너무 몰랐다는 생각이 들곤 한다. 여성의 호감과 비호감의 반응을 제대로 알아내지 못해 그냥 집으로 보내 버리거나 무작정 스킨십을 한 적도 많았기 때문이다.

근데 이것은 남자뿐만 아니라 여성에게도 그대로 적용된다는 것을 알아야 한다. 일반적인 남자, 또는 선수라 할지라도 자신이 진정 마음에 드는 여자를 만나면 떨리고 정신이 없어서 실수를 한다.

즉, 매우 조심스러워지고 그녀의 눈치를 살피기 바빠지는데, 사실상 선수라 할지라도 진정 좋아하는 여성에게 너무 체면을 차린다든지 너무 오버를 하는 경향이 생긴다.

이것은 남자의 정신세계가 이상해서가 아니라, 마음에 무척 들기 때문에 무슨 말이나 행동을 해서라도 분위기를 이끌어 보거나 그녀의 호감이나 친밀도를 올리고자 하는 본능적 반응이다.

이때 마음은 사실상 굉장히 유리창처럼 예민하고 섬세하고 여려진다.

조심스럽게 또는 많은 노력을 했음에도 당신이 그에게 "NO!"라는 말을 하게 된다면, 여성이 단지 오늘만 "NO!" 또는 오늘만 이것보다는 저것이 좋다는 뜻임에도 불구하고 남자는 자신에 대한 또는 모든 것에 대한 거절로 받아들이게 될 수도 있다.

예를 들어 "술 마시러 갈래요?"라고 했을 때 "아니요." 하고 단칼에 잘라 버린다면, 남자는 상처를 받는다. 즉, '그다음 진도를 나가서는 안 되겠구나.'라는 생각을 하게 되는 것이다.

정말 술을 한 방울도 못 마신다 할지라도 그냥 "네."라고 대답하라. 그편이 훨씬 좋다. 더 좋은 대답으로는 "나 술을 한 방울도 못 마시는데, 오빠가 가자고 하니 옆에 있어 줄게요."라고 말하는 것이 훨씬 좋다.

그러면 남자는 거절이 아니라고 생각하고, 다른 대안을 제시할 것이다. "술을 못 마실 줄은 몰랐어. 혼자 먹는 건 재미없지. 그럼 영화 보러 갈래?"라고 말을 바꾸게 될 것이다.

사실 여성이 남자의 마음을 사로잡고 남자가 나에게 다가오게 하는 방법은 아주 간단하다.

"네, 좋아요."라는 말만 적절하게 하면 되고, 데이트비용을 적절하게 부담해 주면 남자의 마음은 아주 즐거워진다. 스킨십과 섹스만 조금씩 단계적으로 받아주는 것이 좋다.

왜 스킨십과 섹스만큼은 단계를 밟아 가는 것이 좋냐 하면, 숙성의 시간이 남녀 모두에게 필요하기 때문이다. 물론 모든 남자들이 원나잇 후 떠나는 것이 아니라 그날 만나서 좋은 사랑을 이룰 수도 있겠지만, 조금 더 안전장치를 철저하게 하기 위해서는 단계적으로 허용해 주는 것이 좋다.

다가오는 남자가
연하라서 망설여진다면
그 편견을 버려라

연하남만 사귀는 여자는
연하만 만난다?

연애를 많이 해 본 사람들은 익히 알고 있겠지만, 사실 몇 십 년 동안 전혀 다른 환경에서 자라 다른 습성을 가진 남녀가 만나서 서로 알아 가다 연애가 끝나는 경우도 많다. 결혼이라는 것은 서로를 평생 알아 가는 과정이라고 해도 과언이 아니다.

오빠와 동생의 관계는 오빠가 리드하고 포옹하면서 여러 문제가 극복될 수 있지만, 연상연하 커플은 조금 다를 수 있다.

의도적으로 연하 남성만 만나는, 일명 '연하남 킬러'라고 불리는 여성은 사실 거의 보지 못했다. 단지 나랑 인연이 되어서 사랑이 이루어진 그 남자가 연하남일 뿐, 정신연령이나 사고방식이 마치 오빠 같아서 관계가 이루어지고 지속하는 경우가 아마도 대부분일 것이다.

그 남자가 연하라서 망설여진다면, 나는 그 편견을 버리라고 말해 주고 싶다. 중요한 것은 그 남자의 정신수준과 능력 그리고 나에 대한 사랑일 뿐, 나이에 선입견을 품지 말았으면 한다.

남자들 중에서 어린 나이에 철이 들고 어른스러운 사람이 아주 많으며, 단지 여성들이 연하남을 나이가 어리다는 이유만으로 깔보는 경우가 더 많다. 그러니 나이를 떠나 그 사람 자체만을 보라고 말해 주고 싶다.

오빠도 하는 실수를 동일하게 했음에도 단지 연하남이라는 이유만으로 '역시 연하는 어쩔 수 없어. 어리니깐 철이 없어.'라고 편견을 가지는 여성들이 많다.

나이에 대한 편견을 버리고 냉철한 분별력과 그동안의 연애 경험을 통해 지인들과 검증해 보아라.

대부분의 남자들은 사실 여자의 나이를 그렇게 따지지 않는다. 당신 또한 나이가 많은 남자라도 아저씨 비주얼에 노인이 아니라면, 느낌이 통하는 중후한 신사라면 조금씩 끌리듯이, 남자 또한 30대나 40대라도 아름다운 외모와 커리어우먼이라면 빠져들게 되어 있다.

오히려 어린 여성들을 만나면서 힘들게 리드하고 책임져 오던 연애 인생에서, 당신은 정말 둘도 없는 신선함과 소중한 존재가 될 것이다. 모든 여자들이 아빠의 품을 그리워하고 로망이 있듯이 모든 남자들이 어머니에 대한 그리움과 로망이 있기 때문이다.

여자들은 대부분 자신보다 나이가 많은 연상의 남자를 만나는 경우가 많기 때문에 아빠 같은 오빠를 만날 수도 있겠지만, 남자들은 보통 자신보다 나이가 어린 연하의 여성을 만나는 경우가 많아 엄마와는 전혀 다른 연하의 여성을 만나게 될 수도 있다. 그 괴리감은 사실상 남자가 평생 지고 가야 할 과제이다.

연하의 여성을 좋아하더라도 내가 편안하게 쉬고 재충전할 수 있고, 오히려 다른 여자들에게 받지 못하는 나를 특별하게 포용해 주고 알아주는 여성이 그립고, 그런 여성에게 다시 돌아오게 되어 있다.

바로 그 점을 파고드는 것이다. '모성애' 말이다.

엄마처럼 잘 챙겨 주는 자상함과 포근함이야말로 남자들이 정말 좋아하거나 그리워하는 것이다. 물론 남자에게 선을 넘을 만큼 정말 잘해 주거나 맹목적인 헌신을 하다가는 헌신짝이 될 수도 있다.

나만의 확고한 기준을 세우고 그 선을 넘지 않게끔 지키고, 그 선을 넘으면 단호하게 벌을 주고 기대에 부응할 때는 확실하게 상을 준다면, 그 남자는 아주 순한 양처럼 말을 잘 듣게 될 것이다.

부모님이 마음은 아파도 버릇을 고치기 위해 자식을 체벌하듯이 사랑도 마음은 가슴은 미치도록 용서하고 매달리고 싶지만, 앞으로의 행복한 사랑을 위해서는 그 순간 냉정해지고 벌을 주어야 한다. 그렇게 했을 때만이 남자는 당신의 통제 하에 당신을 존중하고 선을 넘지도 않을 것이다.

두 번째는 '낮져밤이'가 되는 것이다. 이것은 보통 남자에게 하는 말이지만, 여성이 그렇게 한다면 희소성의 가치로 인해 신선한 매력이 될 것이다.

데이트할 때는 "네, 좋아요."라는 식으로 남자가 리드가 해 주지만 밤에는 내가 리드하는 것이다. 또한 반대로 데이트에서는 내가 리드하지만, 밤에는 그의 야수성을 깨워 주고 그의 리드에 따라 주는 것인데, 이것은 그 남자의 성향과 스타일을 보면서 맞춰 주면 된다.

마지막으로 밥을 해 주는 것도 좋은 방법이다.

이것은 혼자 사는 남자에게 아주 잘 통하는데, 물론 자취를 해서 변변한 집밥을 먹어 본 지 오래됐다고 할지라도 그를 내 집으로 초대하라. 그리고 멋진 밥상을 차려 주는 것이다.

마치 네가 계속 나랑 만나게 되면 이런 밥상을 받을 수 있다는 느낌을 주는 것이다. 설령 결혼 후 안 해 줄지라도 상관없다. 원래 유혹이라는 것은 어느 정도의 만들어진 환상과 신비감이 있어야 하고, 그 후에 연애를 통해 신뢰와 편안함이 형성된 후에는 안 해 주어도 상관없다.

요리를 못 한다면 미리 찌개와 반찬을 구매한 후 그를 초대해 마치 내가 한 것처럼 말하면서 그에게 집밥을 먹여 주어도 좋다. 그가 당신의 집에 들어서는 순간, "자기야, 우리 밥 먹자~!"라고 한다면 남

자의 눈은 휘둥그레질 것이고 당신을 아주 다르게 평가하고 더 좋아
하게 될 것이다.

열.

남자
친구와
장기
연애데이트

질투심 유발을 잘 활용 하여
애 태워보자

남자 친구 애태우기
& 질투심 유발

스킨십을 할 듯 안 할 듯 하면서 부끄러워하는 모습 또는 분위기를 잡고 뽀뽀 한 번 하려는데 부끄러워서 피하는 모습을 남자가 보면, 더 안달 나고 더 가지고 싶은 강한 충동을 느끼게 된다.

    싫다고 완강하게 뿌리친다면 물론 의아해 하고 기분이 상할 수도 것이다. 그런 게 아니라, 적당히 부드럽게 한두 번 정도 살짝 튕겨 주는 것이 좋다.

    남자 친구를 더 흥분시키기 위해서는 허벅지를 살짝 터치하는 것도 좋다.

    귀여운 정색을 하는 것도 좋은 방법이다. 장난치다가 갑자기 남자 친구가 반박하면서 놀리면, 기다렸다는 듯이 귀엽게 정색하면서 "뭐라고?"라고 말하며 살짝 삐진 척을 하면서 토라진다.

그러면 대부분의 남자들은 여자 친구를 달래기 위해 애걸복걸할 것이다. 그런 모습을 보면, 정말 둘이 귀엽고 풋풋하다.

뜸을 들이는 것도 남자를 안달 나게 만든다.

무언가를 하자고 할 때 "그래, 좋아."라고만 하다가 갑자기 대답을 안 하는 것이다. 또는 "좋아요!"라고만 하다가 어느 순간 갑자기 "싫어!"라고 계속 한다면, 남자는 멘붕에 빠지게 되어 있다.

질투심 유발도 잘 활용하면, 남친 애를 태우는 좋은 방법이 된다.

예를 들어 "아는 선배 오빠가 내일 저녁 같이 먹자는데, 어떻게 하지?"라고 혼잣말인 듯 물어보는 듯 말한다. 그때 남친은 분명히 발끈하겠지만, 내색하지 않을 수도 있다.

하지만 답은 정해져 있다. 남친의 반응을 보고 적당히 고민하다가 "어떡하지? 같이 먹을까? 아니면 집에서 쉴까?"라고 혼자 고민한다면, 남자의 성격이나 감정에 따라서 쿨하게 "같이 먹어."라고 할 수도 있고, "나가지마. 집에서 쉬어."라고 할 수도 있을 것이다.

"같이 먹어."라고 한다면 당신도 쿨하게 "그래, 내일 밥 먹고 영화도 봐야겠다."라고 한수 더 나갈 수도 있을 것이고, "나가지마. 집에서 쉬어."라고 한다면 "왜? 왜 그랬으면 좋겠어?"라고 되물어보라. 이렇게 남자 친구를 들었다 놨다 할 수 있을 것이다.

하지만 "나 어제 그 선배랑 ○○레스토랑에서 저녁 먹었는데 정말 맛있었어."라고 말하는 것과는 다르다는 것을 명심해야 한다. 앞에서 언급한 것은 만날 예정이었고, 지금의 말은 먹고 와서 그 남자와 즐거웠던 저녁시간을 회상하는 모양새가 되니, 남자 친구에게 질투심을 유발하는 것이 아니라 분노나 배신감을 줄 수도 있음을 알아야 한다.

메신저를 주고 받을때
'ㅇ'자를 글의 맨 마지막에 붙여보자

남자 친구를 설레게 하는 카톡

남자 친구를 설레게 하는 카톡은 뭐니 뭐니 해도 바로 '애교'이다. 앞에서도 언급했듯이 여성들이 애교가 참 어렵다고 이야기한다.

그런데 카톡으로 애교를 할 수 있는 아주 간단한 방법이 있다. 바로 'ㅇ'자를 글의 맨 마지막에 붙이는 것이다.

> 오빠 뭐행?
> 밥 먹었엉?
> 나 이제 잘 거양~
> 이따 전화해용!

같은 여자들끼리는 이것이 어떻게 보일지 모르겠지만, 대부분의 남자는 "오빠 뭐해?", "밥 먹었어?", "나 이제 잘 거야.", "이따 전화해요."보다는 훨씬 더 긍정적으로 받아들인다.

즉, '어느 정도는 나와의 사이를 긍정적으로 이끌려고 하는구나.' 또는 '최소한 잘 보이려고 노력하는구나.'라고 인식해, 당신에게 더 집중하게 될 것이다.

좋아하는 음악파일이나 동영상을 전송하는 것도 좋은 방법이다.

이 노래 들으니깐 오빠 생각나네. 들으면서 내 생각해!

또는 가끔씩 영양식이나 음식 등을 선물로 보내 주는 것도 매우 좋은 방법이다.

가끔 여자들 중에는 헌신하는 식으로 하면 남자가 떠나거나 만만하게 보거나 막대할 거라고 이야기하는 여자들이 있는데, 그것은 극단적인 생각이다.

모든 여성이 명품을 좋아하거나 돈만 보고 남자를 사귀지 않듯이 상당수의 남자들 역시 호의를 당연시하지는 않기에 여자가 먼저 호의를 베푸는 것에 매우 감사해 한다는 것을 알아 두길 바란다.

남친이 좋아하는 말이 있다. 요즘 한창 유행하는 말이기도 하다.

오늘 우리 집 비었는데 올래?

항상 주도적으로 데이트와 스킨십을 이끌어왔던 남자에게 또는 확신이 드는 남자에게 보내 보아라.

아마도 대부분의 남자들은 기쁜 마음에 당장에라도 달려올 것이다.

여기에 조금 밀고 당기기를 첨가하고 싶다면 새벽에 뜬금없이 "나 오빠 진짜 좋아해~"라고 보내 보라. 다음 날 아침 남친이 본다면, 아마도 매우 기뻐할 것이다.

이 방식을 밀당으로 한번 전환해 보면, 새벽에 뜬금없이 "나 오빠 진짜 좋아해~"라고 보내고 하루 정도 잠수를 타는 것이다. 남자는 아마도 기다리다 돌이 될 것이다.

힘든 상황에서 먼저 이해해 주고
알아주고 다독여 주자

남자 친구
감동시키는 법

대부분의 남녀관계에서 여성이 주로 호감을 먼저 받는 쪽으로 많이 인식되어 있기 때문에 당신에게 더 유리한 부분이 있다.

앞에서 설명했지만, 남자는 대부분의 연애에서 자신이 주도하고 리드하고 선물이나 호의를 먼저 베풀어 왔다고 느낀다. 또한 업무나 가정사 등의 골치 아픈 일이 있어도 여자 친구에게는 내색을 못하고 강한 척, 여유 있는 척하는 남자들도 있다.

그 이유는 진화심리학에서 설명했듯이 자신이 약해지거나 작아지면 여성이 떠날 것이라고 본능적으로 받아들이기 때문이다. 그래서 아무리 힘든 일이 있어도 강한 척할 수밖에 없고, 오히려 여자 친구를 챙겨야 하는 힘겨움을 감당해야 한다.

그래서 남자 친구가 여성을 확실하게 신뢰하고, 남자 친구를 감동시키는 방법은 남자가 힘들어할 때나 실수를 했을 때 아주 넓은 마음과 이해심으로 알아주고 도움을 주는 것이라고 생각한다.

물론 이것에 대해 일부 여자들은 이렇게 이야기할 것이다.

> 믿으면 발등 찍히고, 헌신하면 헌신짝 되잖아요.

하지만 수많은 여성들 중 나쁜 여자도 극소수이듯 그러한 나쁜 남자도 일부라고 할 수 있다.

대부분의 여성도 그러하듯이 남자도 힘든 상황에서 먼저 이해해주고 알아주고 도움을 준다면, 아마도 오랫동안 감동할 것이고 알아줄 것이고 귀하게 여길 것이다.

직장생활이나 사업이 힘들다고 투정을 부린다면, 이렇게 이야기하라.

> 괜찮아, 오빠는 잘할 수 있을 거야. 누가 우리 오빠 보고 그렇게 말해? 오빠는 걱정 마, 분명 잘 될 거야.

이 말을 들은 남자는 단언컨대 매우 기뻐하며 당신을 지금까지 만나온 여성들과는 다르게 평가할 것이다.

남자들은 자신이 힘 있고 여유 있고 돈이 있을 때만 주로 여친을 사귀거나, 그렇게 되어 있을 때만 여자를 만나고 사랑을 유지하고 지킬 수 있다고 생각한다.

대부분 자신이 여유가 없고 힘도 돈도 없을 때 사랑을 잃거나 떠나거나 다른 남자에게 빼앗긴 뼈아픈 경험이 한 번씩은 있기 때문이다.

일반적으로 남자들에게 있어 업무에 위기가 생기면 회사나 사업의 일만이 아니다. 진화심리학에 근거해보면 남자는 생계를 유지하는 것이 가족과 애인에 대한 최고의 행위라고 본능적으로 판단해 그것에 집중한다. 만약 일이 잘되지 않을 때는 직·간접적으로 가정이나 사랑에도 막대한 영향을 미치리라는 것을 알고, 여성이 떠나갈 것이라는 상당한 위기의식을 느낀다.

그래서 그 남자를 확실하게 내 옆에 두고 싶다면, 다른 여자들이 하지 않는 말을 한번 해 보라.

아마도 반응은 달라질 것이다.

남들과 비교하고
몰아세우지 않도록 하자

남자 친구에게 하면
안 되는 절대법칙

아주 당연한 말일 수도 있지만, 홧김에 또는 장난으로도 헤어지자는
말을 반복적으로 해서는 안 된다.

여자와 남자 사이에는 다른 것이 한두 개가 아니겠지만, 남자들
은 여자들처럼 공감해 주고 이해해 주는 과정은 없고, 오직 경쟁이나
사냥, 전쟁에서 이기는 것, 즉 목표와 결과에만 집중하도록 설계되어
있기에 쓸데없는 말을 거의 하지 않는다. 목표와 결과를 이루는 것을
내 가족과 사랑을 지키는 최고의 방법으로 생각하기 때문이다.

이것은 연애에서도 그대로 나타난다.

남자는 그냥 심심하다고 해서 해변이나 해외여행을 제안하지 않고 실제로 갈 마음이 있어야만 제의를 한다. 그렇기 때문에 사랑하고 믿었던 여자가 작은 다툼이나 의견대립에 갑자기 헤어지자고 한다면, 남자는 '나에게 잘해. 나, 이만큼 화났어. 나한테 관심 가지란 말이야.'라는 뜻으로 받아들이지 않는다.

나에게 악의를 가지고 더 이상 사랑하는 마음이 없어 결심 후 헤어지자고 통보하는 것으로 받아들인다. 그래서 홧김에 이별을 통보하는 것은 남자에게 매우 큰 충격을 동반한다. 즉, 여성의 뜻과 다르게 가슴에 못을 박거나 마음에 상처를 준다는 것이다.

남자가 작은 다툼에도 헤어지자고 하지 않는 이유는 간단하게도 실제로 헤어질 마음이 없기 때문이다.

여성이 홧김에 '가! 꺼져.', '널 사랑한 걸 후회해.' '널 만난 걸 후회해.'라고 하는 것은 진짜 속마음이 아니고, '내가 그동안 너 때문에 얼마나 힘든 줄 아느냐. 그래도 널 사랑하기 때문에 힘들어도 계속 만나는 거야 알아줘.'라는 것이고 여성이 정말 진심으로 돌아설 때는 정작 아무 말도 하지 않는다는 것을 아는 남자는 거의 없다.

그렇기 때문에 자극적인 말을 계속 남발한다면, 남자는 아마도 여성의 뜻과 달리 이별의 결심을 할 수도 있을 것이다.

두 번째, 다른 남자와 비교하지 마라!

여성의 질투심보다 더 무서운 것이 남자의 질투이다. 여성이 질투하면 막장이지만, 남자가 질투하면 분노를 넘어 범죄로 이어질 정도이다. 왜 남자의 질투심이 더 무서운 것일까?

물론 여자도 태어나서 죽을 때까지 여자로서의 무거운 멍에, 즉 예쁜 척, 여자인 척, 예의 바른 척, 착한 척을 강요받고 살겠지만, 남자 역시 태어나서부터 죽을 때까지 경쟁 속에서 살아야 한다. 경쟁은 즉 전쟁이다. 전쟁은 누군가는 울고 누군가는 웃어야 되는 것이다.

마지막으로, 말꼬리 잡고 늘어지기가 있다.

> 오빠가 뭘 잘못한 줄이나 알아? 왜 내가 화난 줄 몰라?

이것은 연애컨설팅 경력 8년 차인 나 역시도 들으면 멘붕이 오는 말이다. 실제로 당한 사람만 안다는 그 '내가 왜 화난 줄 몰라'. 물론 남자들이 여성에 대해 더 알아야 할 필요도 있지만, 여자에게도 역시 남자에게 더 기회를 주고 설명해 줄 수 있는 배려가 필요하다.

오로지 자신의 마음을 다 알아차려서 잘하라는 생각은 사실 매우 이기적인 것이다. 신이 아니고서야 평생 키운 부모님도 당신의 생각도 마음도 잘 모르는데, 몇 달 만난 남자 친구가 생각과 마음을 모두 읽는 것은 불가능하다.

읽어 내서 알아서 잘하는 사람은 대단한 선수이다. 그래서 많은 여성들이 좋아한다. 그러나 그렇게 만나다가 결국은 배신감에 나쁜 남자라며 상처를 받게 될 수도 있다.

보통 남자들은 여자의 상식과 기준, 사고방식 등을 거의 모른다. 일일이 다 이야기를 해야만 그때야 비로소 '여자는 그런 것이구나. 여자는 이렇게 해 주기를 바라는구나.'라고 깨닫는다.

내 마음을 잘 알아주고 배려해준다면 더없이 좋겠지만 그렇게 하는 사람은 나처럼 전문적으로 유혹과 연애의 기술을 교육받고 훈련한 전문가 이거나 타고난 선수이다. 그 외에는 유부남일 것이다. 일반 남자는 절대 그렇게 하지도 않으며, 알 수도 없으며, 그렇기 때문에 하고 싶어도 할 수 없다.

열하나.

재회컨설팅

이별

후

남자 심리

그의 행동 변화를
잘 파악하라

남자의 본성과
이별 후 심리상황

그를 좋아하고 사귀게 되어 점점 사랑이 커지면서 신뢰가 쌓였다. 우리는 가족같이 편안하다고 확신하고, 그를 잠재적 배우자로 생각하면서까지 가깝게 지냈다.

그런데 그러던 어느 날, 이별을 통보받게 된다. 대부분은 갑자기 이별통보를 받는다고 생각하지만, 절대 그렇지 않다.

확신하건대 남자는 절대 갑자기 이별을 통보하지 않으며, 그 징후가 일정 기간 전부터 나타난다. 내가 그렇게 많은 남자의 심리와 본성에 대해 언급한 것을 잘 파악하고 점점 실력이 증진한다면, 이런 모든 징후들이 보이고 느껴질 것이다.

갑자기 이별을 통보하는 이유는 여러 가지가 있겠지만, 가장 핵심은 바로 일정 기간 사귀면서 사실상 조금씩 실망하거나 단점을 발견하고, 점점 이성적 매력이 떨어지게 되었기 때문이다.

물론 사랑도 습관이 되어서 그 상대에게 익숙해지게 되는 것을 우리는 '정'이라고 이야기하고, 그 정이라는 것이 쌓이게 되면 연인 사이에서 강력한 힘을 발휘하리라는 것은 부인할 수 없는 사실이다.

그나마 다행인 것은 물론 모든 경우는 아니겠지만, 사랑에 있어 정이 들게 되면 통상적으로 한 사람에게 정착하는 경향이 짙다는 것이다.

그러나 어느 순간 오해나 실망이 쌓이고 쌓여서 분노나 미움, 섭섭함이 폭발하게 되면, 그것이 이별로 이어지게 된다.

하지만 이렇게 분노나 한순간의 감정으로 폭발해 다투게 되는 대부분의 경우는 화해와 재결합으로 이어진다. 그동안의 정이 쌓였기 때문에 다시 한 번 더 기회를 주고 싶고, 상대에게 익숙해졌기 때문에 쉽게 이별을 할 수는 없을 것이다.

정말 무서운 것은 일정 기간 그 상대방의 실망스러운 언행 패턴이 반복적이고 상습적으로 이루어지는 것이다. 이 특정 언행 패턴이 상대방을 일정 기간 실망과 분노, 섭섭함을 지속적으로 쌓이게 한다면, 그것은 결국 '결심'으로 이어지게 되는데, 이는 매우 무서운 것이다.

누구에게나 일정 기간 이성적으로 반복해서 결심한 이별은 다시 돌리기 힘들다. 남자가 이별을 나타내는 징후들을 정리하면 다음과 같다.

1. 연락이 갑자기 안 되고 스케줄의 변화가 생긴다.
2. 나에게 보내는 호감도가 감소하거나 아닌 척 거짓 호감도를 보낸다.
3. 애정이나 호의가 줄어들고 스킨십이나 섹스를 거부한다.

물론 이것은 가장 확실한 징후들이지만, 어디까지나 최후의 보루 같은 징후이다. 그전에 이미 남자의 얼굴이나 말투, 태도 등에서 모든 징후가 나타나는데, 이성적 경험이 많은 여자이거나 원래 눈치가 빠르거나 영리한 여성이 아니고는 대부분 알아차리기 힘들다.

따라서 이런 상황이 오기 전에 미리 잘 관리하고 파악하는 것이 좋다. 하지만 어디까지나 그의 취향에 맞는 것이어야지, 여자의 일방적인 관리나 호의는 바람직하지 않다.

나의 기술에 '유형별', '칼리브레이션(맞춤형 유혹)'이라는 말이 많이 등장하는 것도 그 이유이다. 즉, 그가 좋아하는 것과 싫어하는 것, 진정 바라는 것을 잘 알고 있을 필요가 있다는 것이다.

그럼 이제 이별하게 되는 실질적 원인과 이유에 대해 알아보자.

처음부터 진지하지 않거나 좋아하지 않은 경우

누구나 그럴 수 있듯이 죽고 못 살아서 연애하는 것은 아니다. 단지 지금 외롭거나 이성 친구 등 누군가가 필요해서 당신을 선택했을 가능성도 충분히 있다. 이런 경우는 드물지만, 우연히 아무 생각 없이 사귀는 경우가 있기도 하다.

모든 연인이 진심으로 사랑해서 사귄다는 환상을 버려야 한다. 사실은 아주 다양하고 다채로운 이유로 사귀는 경우도 많다는 것을 알아야 한다.

그런데 문제는 한쪽이 사랑이 아닌 여러 가지 이유로 사귀었는데 다른 한쪽은 정말 좋아해서 사귀는 입장이라면, 서로 연인으로 보낸 시간과 이별에 대한 해석과 관점이 전혀 달라진다는 것이다.

즉, 이런 경우는 한쪽이 나쁜 여자 혹은 나쁜 남자가 될 확률이 높으며, 이별을 통보받은 한쪽에서는 이용당하거나 농락당했거나 놀아났다는 기분이 들기에 충분할 것이다. 그래서 사귀는 동안 일방적으로 나 혼자만의 감정에 도취하여 시간을 보내지 말고, 한쪽의 애정도나 나에 대한 호감도 파악, 즉 칼리브레이션을 하는 것도 아주 중요하다.

한쪽이 처음부터 진지하지 않거나 그렇게 큰 기대나 마음 없이 그냥 사귀는 것은 이별도 크게 상처나 결단 없이 선택할 수 있기 때문이다.

△

편안함과 신뢰가 부족한 경우

이성적으로 매력이 생기고 호감이 늘어 가는 단계에서 자주 만나면 추억과 좋아하는 마음이 커지지만, 남녀 모두가 가장 중요하게 여기는 것은 만나는 횟수보다는 진심이나 진정성 있는 만남이다. 설렘이나 긴장감도 좋겠지만, 언제까지나 그렇게 만날 수는 없다.

더 끈끈한 감정적·정서적 유대감을 쌓기 위해서는 가끔씩 깊은 이야기를 하는 것이 좋다. 사람에게는 누구나 다 단점이나 걱정이 있기 때문에, 이런 것을 아무런 조건 없이 순수하게 나눌 수 있는 사이가 된다면 더 좋을 것이다.

이런 사이가 되면, 남성이 당신과 한배를 같이 탄 공동운명체 또는 최소한 '너는 내 편'이라는 동질감을 느끼게 하고, 내 편이라는 것은 서로에게 실제로 상당한 믿음을 준다. 그래서 유혹을 하고 난 다음, 연인 사이에서 편안함과 신뢰를 형성하는 것은 필수코스 중 하나이다.

처음 알게 된 후 바로 감성적·정서적 유대감을 형성한다면 좋은 친구로만 남을 수 있겠지만, 이성적 감성과 호감을 이끌어 낸 후 깊은 유대감을 형성한다면 잠정적 배우자 또는 진짜 내 여자 친구라는 타이틀을 받을 수 있다.

또 편안함과 신뢰가 중요한 이유가 있는데, 어떤 이유로든 시간이 지속되면 이성적 매력은 떨어지게 되어 있고 단점을 발견하게 되거나 지겨움을 느끼게 되어 있기 때문이다. 이렇게 이성적 매력이 점점 떨어지는 것은 당연한 현상으로, 그 빈 공간을 유대감과 편안함 신뢰가 채워 주면 연인관계를 유지할 수 있는 힘이 된다.

♤
지속적인 다툼과 성격 차이가 있는 경우

이는 사실 비주얼, 즉 얼굴이나 스타일 등 외적인 부분만 보고 사귀게 되었을 때 주로 겪는 경우가 많다.

탄탄한 몸매나 외모에 반해 일단 사귀고 보자는 식으로 늘 시작했고, 막상 연애를 하고 보니 나랑 성격이 너무 안 맞는 경우가 대부분이다.

이처럼 성격 차이나 서로의 습관이나 취향이 맞지 않는 경우, 잦은 다툼을 하게 될 것이다. 이 과정에서 서로 쉽게 만났다면 헤어지는 경우가 더 빨라진다.

예전에는 이러한 어려움을 연애의 기술로 한번 극복해 보겠다고 생각해, 상대방에게 최면기법에 의한 암시기법 같은 것을 해 보았다. 그러나 일시적일 뿐 근본적인 해결책은 안 되었다. 또한 어설프고 주도면밀하지 않게 일방적으로 설득하거나 나에게 맞추기만을 요구한다면, 더 큰 분쟁이 생길 수도 있다.

그래서 그의 취향이나 특성, 스타일 등 독립적 인격을 존중해 주고 권위를 인정해 줘야 한다.

말하기 어렵거나 민감한 부분을 말하게 된다고 했을 때, 어떻게 말을 시작해 어떻게 대화를 이끌어 나가고 적절한 마무리를 이끌어 내느냐는 중요하다.

그런데 사실상 남자가 여자를 싫어하거나 일부러 시비를 걸어 이별을 하려고 마음먹지 않는 한, 문제 해결의 역량은 대부분 서로가 얼마나 잘 소통하고 이해하느냐에 달려 있을 것이다.

⚑
△

다른 이성에게 매력을 느끼거나 다른 이성이 생긴 경우

권태기가 지속되거나 이성적 매력이 떨어지고 유대감을 형성해도 지겨움을 느끼거나 처음부터 그냥 별 생각 없이 사귀거나 자신의 애인에 대한 소중함을 느끼지 못하는 등 다양한 이유로 다른 이성에게 더 흥미와 이성적 감정에 끌리게 되는데, 사실상 연애라는 이 모든 것 또한 시장경쟁이기 때문이다.

더 좋은 이성이 나타나면 눈에 들어오는 것은 당연한 일이다. 지금 가지고 있는 차가 매우 훌륭하더라도 더 좋은 성능과 디자인의 차가 출시된다면, 기존의 차에 대한 매력이 떨어지는 것처럼 말이다.

또한 너무 헌신적이고 남자만을 위해 주는 여자들 중에 연인에게 많은 투자를 하고 자기계발과 매력 등에는 관심을 기울이지 않는 사람이 있는데, 이것은 남성의 입장에서 잠재적 이별의 원인이 되기도 한다.

처음 만나서 연애할 때는 자기관리를 하거나 매력이 넘쳤는데, 사귀면서 더 멋져지는 모습이나 발전하는 모습이 보이지 않는다면 이 여자에게서 더 좋은 미래를 발견하지는 못하고 이성적 매력도 점점 떨어지면서 지겨움을 느끼게 될 것이다. 그것이 계속적으로 반복된다면, 남자는 더 이상 흥미를 느끼지 않고 떠나게 될 것이다.

열둘.

헤어진

남자 친구

잡는

법

한쪽의 배려만으론 이어갈 수 없으니
둘만의 방식으로
풀어나가자

남자 친구랑 잘 싸우고
잘 해결하는 법

나는 지금까지 수많은 커플들을 상담하고 실제로 수많은 여성들을 유혹해 보았지만, 아주 특별한 것을 알게 되었다. 싸움을 싫어하는 여성이나 남성이 존재한다는 것이다.

실제로 "우리는 잘 싸우지 않아요."라고 하는 커플들의 속마음을 들어보면, 한쪽이 아주 좋아해서 그냥 맞춰 주거나 참는 경우도 상당 부분 있었고, 직장이나 사업으로 많은 경쟁이나 스트레스를 받는데 연인끼리는 싸우고 싶지 않은 마음을 가진 경우도 있었다.

중요한 것은 점점 이런 현상이 지속된다면, 참거나 이해해 주거나 맞춰 주는 연인을 당연시하게 된다는 것이 문제가 된다는 것이다.

상대방이 왜 참거나 이해해 주거나 그냥 맞춰 주는지는 알지 못한 채 '아, 이 사람은 그냥 맞춰 주는구나.'라고 착각해 버린다.

그 호의가 계속된다면 나중에는 이별을 통보받게 되는데, 그 분노는 대단하다. 왜냐하면, 그동안 참고 참았기 때문이다. 그래서 항상 어떤 오해나 문제가 있다면 운명이나 단순히 신뢰에 맡기지 말고 반드시 풀어야 한다.

> 뭐야? 그런 행동을 했어? 나를 신뢰하지 않으니 그렇게 행동했겠지.

여자들은 대부분 자기만의 확실한 기준과 척도 또는 연애 한번 안 해 본 지인들에게 들은 이상한 연애상식으로 남자에게 이별을 통보하거나 싸움을 일으키기도 한다.

내가 앞에서 이야기했듯이 남자의 뇌구조와 여자의 뇌구조는 확실히 다르다. 그렇다고 해서 생존본능과 생활방식에서 남녀를 완전 다른 생물학적 종으로 인식한다는 것은 사실상 과장된 것이고, 그만큼 남녀의 차이가 있으니 알아 달라는 호소이다.

남자는 대부분 좌뇌가 주체여서 사실에 근거한 논리적 사고력, 정확한 이해력, 객관적 분석 등이 모든 행동과 판단에 영향을 주지만, 여자는 대부분 우뇌가 주체여서 느낌과 상상력, 감성, 섬세함 등이 발달되어 있다.

인간으로서 가지는 이성과 감성을 누구나 다 가지고 있지만, 남자가 혹은 여자가 조금 더 그 부분에 본능적이거나 선천적으로 발달하여 있다는 것이다.

즉, 여자가 큰일을 당했을 때 남자보다 더 감성적으로 기분과 느낌에 의존해 위에서 언급한 행동을 한다는 말이지, 절대적인 것은 아님을 알아야 한다.

이별 통보에
　　즉각적으로 대응하지 마라

이별을 통보받았을 때의
대처법

대부분은 이별을 먼저 통보받게 되면, 마치 핵폭탄이라도 맞은 것처럼 우왕좌왕 엄청난 정신적 충격과 믿을 수 없다는 반응을 보인다.

그러나 이 반응 자체가 사실상 잘못된 것이다. 왜냐하면, 남자는 절대 갑자기 이별을 통보하지 않으며, 그 징후를 반드시 보인다고 했기 때문이다. 만약 그런 것을 못 느꼈다면 남자에 대해 더 연구하고 경험을 쌓아서 숙련자가 되어야 하며, 최소한 이별에 준비를 하든지 아니면 이별을 사전에 예방하는 수준에 이르러야 한다.

그러나 원하든 원하지 않든 이별을 통보받게 된다면, 절대 그것에 대해 즉각적으로 대응하면 안 된다.

놀란 마음에 아무 생각 없이 즉각적으로 대응을 하게 된다면, 더더욱 실수를 하거나 올바른 판단을 하지 못하기 때문이며, 다음에 다시 연락할 기회조차 만들 수 없게 되기 때문이다.

예를 들어 "우리 이제 그만 만나. 오랫동안 생각해 봤는데 우린 인연이 아닌 것 같아."라는 말을 듣고 즉각적인 반응을 하게 된다면, 서로 싸우게 되거나 해서는 안 될 말까지도 하게 될 것이 분명하다.

아직도 그를 좋아한다면, 내가 인정하고 과거형으로 만드는 것이 아니라 '~ing 진행형'으로 만드는 것이다.

첫 번째, 수신 자체를 하지 않는다.

이것은 일종의 심리전이 될 수도 있는데 "우리 이제 그만 만나. 오랫동안 생각해 봤는데 우린 인연이 아닌 것 같아."라는 메신저를 보냈다면, 수신 자체를 하지 않는 것이다. 답장을 전혀 하지 않는 것도 될 것이다. 전화를 한다면 받지 않는 것도 좋은 방법이다.

그냥 그대로 아무 반응도 보이지 않는 것이 한 방법인데, 이렇게 하는 이유는 다음에 연락할 수 있는 기회를 만들기 위함이다.

문자에 답장도 안 오고, 이별통보를 하려고 전화를 했는데 오히려 상대방이 감감무소식이라면 "뭐지? 혹시 무슨 일이 생겼나?"라고 걱정을 할 수도 있다. 그리고 운이 좋으면 그 걱정은 곧 연민이 될 수도 있기 때문이다.

그렇게 시간을 번 후 스스로 이별에 대한 성찰을 가지거나 대응할 수 있는 방법을 충분히 생각하고 나서 그를 설득할 준비나 방법을 어느 정도 만든 후 연락을 하게 된다면, 더 좋은 결과를 이끌어낼 수 있을 것이다.

두 번째, 일단은 그것을 받아들이고 시간을 갖는다.

만약 앞에서 말한 상황과 대조되게 그 이별을 받아들일 수밖에 없다면, 그것을 인정하는 것이 좋다.

현실을 빨리 받아들이고 꼭 그 남자와 다시 만나지 않아도 좋으니, 다음에 만나게 될 사람과는 같은 이별을 하지 않도록 그동안의 연애시간을 되돌아보아라.

대부분의 연인들은 자신의 잘못이 무엇인지 모른다. 혹은 잘못은 아니더라도 상대방이 좋아하는 것과 싫어하는 것을 이해하지 못하거나 인지하지 못한 상태에서 싸우거나 성격이 안 맞는다는 생각을 하기도 한다.

싸움의 원인은 항상 있다. 그것은 자신의 성격을 고치지 못하는 것일 수도 있고, 상대방을 이해하려고 노력하지 않는 고집이거나 자라 온 환경에 의해 형성된 성격 때문일 수도 있다.

상대방이 자라 온 환경의 경우는 사실상 서로의 의견 차이나 생활방식의 차이에서 나타난다. 진심으로 상대방과 이야기를 하라는 것은 당신이 속앓이를 했던 것이나 자신이 그러한 부분에서 왜 이해하지 못했고 어떻게 받아들였었는지를 말하며 오해를 푸는 것이다.

　가령 "나는 대부분 이런 경우에는 이러한 경험이 많아서 내 방식대로 해석한 거야. 그런 의도로 말한 것은 아니었는데 네가 그렇게 이해했다면 그건 오해라고 말하고 싶어."라고 상대방에게 알리는 것이다.

열셋.

대한민국
女선수들의
현실과
노하우

인기많은 여자와
친해져라

여자 픽업아티스트의
실체와 유혹공식

여자 선수들도 있을까? 결론부터 말하면, 남자 선수들보다 여자 선수들이 더 많다고 말하고 싶다. 태생적으로 그리고 환경적으로 남자보다 여자가 더 많은 연애의 기술을 알고 있다.

나처럼 공부하고 학습하고 오랫동안 연습을 거듭해서 노련해진 남자가 아니라면, 대부분의 남자들은 여자에게 오히려 맞추어 준다. 물론 선천적으로 너무 착하고 마음이 여려서 정에 약한 여성이라면 다르겠지만, 내가 본 친구들의 연애와 여성들의 연애를 보면 대부분의 여성이 갑으로 있다.

내가 만나는 여성들도 처음에는 도도하고 자신의 자존심을 세우며 갑으로서의 입지를 가지지만, 계속되는 연애의 기술과 반복적인 암시를 통해 말을 잘 듣게 된다. 그리고는 이렇게 이야기하곤 한다.

> 나, 남자한테 이렇게 하는 거 오빠가 처음이야.

남자와는 다른 게, 꼭 연애강사에게 배우지 않아도 남녀의 입장에서 남자가 먼저 접근하고 여성은 접근하는 남자들 중에서 한 명을 선택하는 구조이기 때문에 어쩌면 여성이 더 유리하고 더 좋은 위치에서 시작하는 것은 당연할 것이다.

남자에게 많은 관심과 접근을 받고도 자신의 마음에 들지 않는다면 거절해버릴 수도 있는데 이렇게 할 수 있는 이유는 결국 매력적인 여성은 이 남자 말고도 다른 남자들이 많이 있기 때문에 아쉬울 것이 없기 때문이다.

그래서 여자 선수가 되고 싶다면, 지인들 중에 남자에게 인기가 많은 여성과 친하게 지내고 그에게서 많은 것을 배우는 것이 좋다.

사랑을 운명에 맡긴 채 진심이 통하고 말이 통해야 사랑이 이루어지는 것도 맞는 말이기는 하다. 그러나 공부도 하지 않은 채 대학에 입학하게 해달라고 기도하거나 준비도 하지 않은 채 대기업에 채용되게 해달라고 기도하는 행위는 어처구니없는 행동이라고 생각하면서, 연애에 있어서 만큼은 아무것도 공부하지도 준비하지도 않은 채 운명적으로 좋은 남자를 만나 연애하고자 기도하는 행위는 잘못된 것은 아닐까?

아마도 이것은 여러분들의 잘못이 아니라, 연애와 남녀 그리고 사랑과 결혼에 무지하고 음지로만 여겼던 우리 선대들의 잘못된 인식이 지금까지 강하게 이 사회에 퍼져 있기 때문일 것이다.

자신에게 투자하는
여자가 되라

내 남자로 만드는
연애의 기술

남자를 유혹하는 기술을 총정리하자면 일단은 자신이 올라갈 수 있는 외모와 몸매를 최대한 꾸미고 가꾸는 것이 가장 중요하다. "외모와 몸매 중 어느 것이 더 좋아요?"라고 한다면 둘 다이다. 이 둘은 하나이기 때문이다. 당신 역시 남자의 외모와 몸매를 하나의 세트로 보듯이 말이다.

화장술 또한 남자들은 관심도 없는 뷰티트랜드를 하는 것이 아니라, 남자들이 정말 싫어하는 화장법 스모키나 진한 화장술을 하지 않는 것이다. 밝고 화사한 생얼 화장법은 아마도 시대가 변해도 남자들이 좋아하는 1위의 화장술일 것이다.

몸매는 단순히 마른 여자가 되기 위해 노력하는 것이 아니다. 단순히 마르고 날씬하면 다 좋아할 것 같지만 절대 아니다. 마른 여자 중에 솔로인 여성은 봤어도, 골반과 엉덩이 허벅지 그리고 가슴이 탄력 있는 여자들 중에 솔로인 여성은 거의 보지 못했다. 물론 키까지 크다면 더욱 좋겠지만, 키가 작다면 비율이 좋은 스타일로 보충하면 된다.

두 번째는 성격인데, 이 성격이라는 것은 남자에게 헌신하고 잘못해도 참아 주는 현모양처가 아니라 밝고 명랑한 성격이 좋다.

물론 애교가 없는 여성들이 의외로 많다는 것을 잘 알고 있다. 손발 오그라들고 부끄러워서 애교를 하지 못하더라도 자신의 개성을 밝고 명랑하게 어필한다면, 남자들은 매우 좋아한다.

매력으로 사람의 마음을
얻어내고 이끌어 내는
女선수들의 기법

남자 공사치는
女선수들의 흔한 기법

'공사'라고 하면 화류계 여성들이 손님이나 남자 고객으로부터 금전적 이득 및 도움을 받을 목적으로 접근하는 것을 말한다.

공사의 종류에는 단순히 금전적으로 도움을 받는 것을 넘어서 명품 선물 받기, 외제차 선물 받기, 좋은 집 선물 받기 등 다양하게 존재한다고 볼 수 있는데, 이들을 비난하기보다는 나는 왠지 존경스럽다. 아무런 장사 밑천이나 큰돈을 들이지 않고 자신의 외모와 화술 개성과 매력만으로 사람의 마음을 얻어내고 이끌어 내는 것은 어쩌면 사업가의 측면에서 보았을 때 최고의 자산이기 때문이다.

물론 정직하게 공사하는 경우가 얼마나 있겠느냐마는 남을 속여 뺏는 사기의 공사가 아니라 정당하게 남자 고객이나 애인에서 이같이 많은 것을 이끌어 낸다면 정말 놀라운 일이라고 생각한다.

공사는 그냥 공사와 작전 두 가지가 있다. 중저가의 금액, 즉 2,000만 원 미만을 공사라고 보통 부르고 이 정도의 사이즈만 진행한다. 사실상 열심히 노력만 한다면 누구나 다 가능한 일이라고 할 수도 있는데, 수억 원짜리는 그야말로 최고 에이스들이나 하는 아주 가끔 있는 일이다.

수억 원짜리 작전은 거의 없는 일이고, 현실적으로 힘든 일이기는 하나 불가능하지는 않다. 그러나 금액이 아주 크게 된다면 후폭풍을 맞을 수도 있는데, 민형사고소가 되거나 법적으로 문제가 될 수도 있으므로 주로 소액의 1,000 ~ 2,000만 원정도 선으로 공사를 하고 빠진다.

처음 공사를 작정하고 특정 남자에게 접근하는 것은 아니다. 업소라면 드나드는 많은 남자 고객들 중의 한 명이 걸려들 수도 있고, 일반인이라면 수많이 접근하는 남성들 중의 한 명이 될 수도 있다. 즉, 아무나 다 공사를 한다고 해서 걸려드는 것이 아니라 나에게 특정하게 흥미를 느끼고 빠져드는 남성 중 한 명을 타깃으로 선정한다.

보통은 남자의 자동차와 스타일만 보고 그 남자의 재력을 측정하지만, 공사를 해 본 여성들은 아니라고 말한다. 대부분의 허세남들은 눈에 보이는 외제차와 명품에만 신경을 쓰기 때문인데, 오히려 사소한 것에서 그 남자의 재력과 지위를 확인할 수 있다고 한다.

예를 들어, 정말 튼튼한 회사의 사장급이라면 남들이 가지고 있지 않은 결정적인 소지품이나 액세서리 도장을 가지고 다닌다.

건실한 회사의 사장이라면, 대부분 서류를 읽고 사인이나 도장을 찍어 주는 일이 다반사이기 때문에 자신의 화려하고 희소성 있는 도장이나 펜 등을 소지하고 다니게 되어 있다. 이런 사람은 정말 회사의 높은 지위에 있는 사람들이다.

이보다 더 쉽게 남자의 재력을 확인할 수 있는 일은 관계를 더 진전시키는 척하면서 그 남자의 집을 가 보는 일이다.

오늘은 왠지 같이 있고 싶다는 느낌을 전달한다면 대부분 그의 집에 갈 수 있을 것이고 진짜 재력가인지 아닌지를 알 수 있을 것이다. 단순히 자동차와 입고 있는 브랜드 옷은 아무나 카드 할부로 결제할 수 있다는 것이 女선수들의 공통된 말이다.

자, 그럼 그의 여유 재산을 확인하고 어느 정도 공사금액을 측정한 다음, 연출을 시작한다. 처음 시작은 죽고 못 살고 신뢰가 확고하게 쌓일 그쯤에서 갑자기 연락을 두절하는 것에서부터 시작한다.

처음에 잠깐 이틀 정도 두절했다 그다음은 일주일 정도 두절한다. 그리고는 본격적으로 힘든 상황을 연출하는데, 절대 일반인이 생각하는 것처럼 돈을 빌려 달라거나 돈 이야기 자체를 하지 않는다. 계속 힘든 상황만을 연출하면서 연락을 했다 안 했다를 반복한다면 남자는 끈질기게 물어볼 것이다. 이때 마이킹 또는 채무가 있다는 비밀을 조심스럽게 털어놓으면서 혹시나 지방으로 가게 되거나 앞으로 떨어져 지내야 한다거나 못 볼 수도 있다는 느낌만 전달한다.

남자가 이 상황에 크게 동요하고 흔들린다면 반은 성공한 것이다. 공사는 신속하게, 남자가 생각할 틈을 주면 안 된다.

여기서 얼마나 상대방에게 신뢰를 주고 믿음을 주는가에 따라서 성공 여부가 달라지는데, 가난한 남자들은 대부분 금액을 지원하는 데 있어 망설이거나 시간이 오래 걸리기 때문에 1,000 ~ 2,000만 원은 있어도 되고 없어도 되는 부유한 남자를 선택하는 것이 좋다. 나중에 일이 터져도 집착이나 타격이 없는 상대라야 한다는 것도 잘 알고 있기 때문이다.

여기서 가장 중요한 것은 돈을 빌려 달라거나 빌려 주는 모양새가 되면 안 된다는 것이다. 반드시 증여가 되어야 한다는 것이다. 이 정도쯤은 내가 그냥 줄 수 있다, 이 정도쯤은 내가 해 줄 수 있다는 모양새가 되어야 법적으로도 문제가 없다.

그리고 더 중요한 것은 공사를 한 다음이 문제인데, 가난하거나 미혼남일 경우 더욱더 집착하거나 매달리는 경향이 크기 때문에 부유한 유부남 또는 부유한 착한 남자를 공사 상대로 주로 선정하는 것이 좋다.

맺은 말

여성들이 주도적으로 연애를 이어 나가는 것
그리고 좋아하는 남자를 내 남자로 만든다는 것은
정말 흥미진진한 일이라고 생각합니다.

특히나 남자보다 여성에게 있어 연애와 결혼은
인생에서 더 많은 비중을 차지하므로
그 중요성이 더 크게 인식되는 것이 필요하다고 여겨집니다.

한국에서 여성이 유혹과 연애에 관해 관심을 가진다면
오히려 선입견을 품게 되는 경우도 있지만,
이제는 그런 시대가 지나갔다고 생각합니다.

유럽과 미국처럼 많은 남자를 상대하고 인기를 얻는 것이
오히려 그 여성의 가치를 증명하는 사회가 될 것이고,
그렇게 되었으면 좋겠습니다.

이 책을 통해 제가 더 많은 분들이
좋아하는 남자와의 사랑이 이루어지는 데 기여한다면,
저는 감사할 뿐입니다.

이 시대 많은 여성들이
원하는 사랑을 이루길 진심으로 기원합니다.

내 남자로
만드는
연애의 기술

초판 1쇄 발행 2016년 02월 24일
초판 2쇄 발행 2016년 12월 05일

지은이 연애술사 초이
펴낸이 김양수
표지 본문 디자인 이정은   **교정교열** 조준경

펴낸곳 휴앤스토리   **출판등록** 제2016-000014
주소 (우 10387) 경기도 고양시 일산서구 중앙로 1456(주엽동) 서현프라자 604호
대표전화 031.906.5006   **팩스** 031.906.5079
이메일 okbook1234@naver.com   **홈페이지** www.booksam.co.kr

ⓒ 연애술사 초이, 2016

ISBN 979-11-957230-4-1 (03180)

*이 책의 국립중앙도서관 출판시도서목록은 서지정보유통지원시스템 홈페이지(http://seoji.
 nl.go.kr)와 국가자료공동목록시스템(http://www.nl.go.kr/kolisnet)에서 이용하실 수 있습니다.
 (CIP제어번호 : CIP2016004607)
*이 책은 저작권법에 의해 보호를 받는 저작물이므로 무단전재와 무단복제를 금지하며, 이 책
 내용의 전부 또는 일부를 이용하려면 반드시 저작권자와 휴앤스토리의 서면동의를 받아야 합
 니다.

*파손된 책은 구입처에서 교환해 드립니다.   *책값은 뒤표지에 있습니다.